ÉTUDE

SUR

LA QUESTION DU POUVOIR

———

QUIMPER

TYPOGRAPHIE AR. DE KERANGAL.

1872.

ÉTUDE

SUR

ᴌ QUESTION DU POUVOIR.

QUIMPER

TYPOGRAPHIE AR. DE KERANGAL.

1872.

ÉTUDE

SUR

LA QUESTION DU POUVOIR.

Le laborieux et pénible état de la France, en travail d'une constitution et d'un gouvernement, réclame la bonne volonté et le dévouement de tout citoyen qui respire un air de véritable patriotisme.

Les esprits sont divisés : la haine des partis, pour être sourde, n'est pas moins réelle et, de nouveau, fait courir de grands dangers à la nation. En présence des nombreux compétiteurs du trône, soutenus chacun, par une partie de la presse, et par la sympathie bien naturelle que leur régime a établie dans les cœurs ; devant l'impossibilité absolue de pouvoir leur partager la couronne de France, nous devons faire tous les efforts pour établir la conciliation, et ne pas briser, par des vues et des intérêts tout personnels, le respect et l'amour des citoyens, source d'unité et de force dans la patrie.

La nation tout entière est intéressée aux procès que se font les prétendants, ou plutôt leurs partisans. Il ne s'agit pas de dire que le droit n'est que de tel côté, que le salut ne peut venir que de là, d'être exclusif, de se poser comme seul maître de la situation, de vouloir que la France entière accepte des conditions qui répugnent à une grande partie des citoyens. Une telle allure ne peut que rompre les liens d'union et de concorde. Si on était obligé de croire tous ceux qui réclament le devoir et le droit du devoir de relever la France et de panser ses plaies, ce serait marcher en aveugle et tomber nécessairement dans la discorde.

Pour rétablir la conciliation, qu'il nous soit donc permis de proposer un moyen bien simple, et le seul qui soit capable de satisfaire tout le monde, le moyen de la vérité. S'il y a des règles dans le gouvernement d'un peuple, c'est par la connaissance et l'application de ces règles, qu'on pourra enfin procurer une entente si désirée de toutes parts.

C'est pourquoi nous essaierons de poser quelques-unes de ces règles dans toute leur nudité et leur force, afin qu'on puisse mieux et plus facilement saisir la justesse des prétentions qui se produisent si malheureusement contre l'avenir et le salut de la France.

Le 20 Mai 1872.

PREMIÈRE PARTIE.

I. — Théorie du pouvoir en général.

I. — Jésus-Christ s'est fait le pivôt de la Société. Dans la nouvelle alliance, c'est lui qui en est le principe, le moyen, la fin.

Toute âme vivante est pour lui, et toute nation est appelée à être l'expression de son règne sur la terre (Note 1).

II. — L'Eglise est le corps mystique de J. C., qui lui a remis son pouvoir, et qui lui a confié la mission d'attirer tous les hommes à lui (Note 2).

III. — De même qu'avant N. S., tout ce qui s'est passé dans l'humanité, a été pour préparer sa première venue dans le monde ; ainsi, depuis l'apparition de J. C. et la formation de son Église, tout ce qui se fait ou se fera, n'est que pour préparer sa seconde venue, au moyen de son Église, royaume de Dieu sur la terre (Note 3), de sorte que, dans la pensée divine, surtout depuis le Nouveau-Testament, l'Eglise est le principe, le moyen, la fin de l'humanité ; par conséquent, l'âme des sociétés (Note 4).

IV. — Dans la société humaine, l'autorité est divine. C'est une délégation de Dieu, par laquelle le sujet qui en est revêtu, est chargé de remplir la fonction de Dieu vis-à-vis des hommes, pour les aider à aller à leur fin (Note 5).

V. — L'origine et la transmission du pouvoir repose sur une triple base : *le concours de Dieu, de la Société, d'un sujet :*

Dieu qui, tout en laissant aux hommes leur libre arbitre, dispose des événements de manière à manifester sa volonté ;

Un sujet qui saisit cette pensée et cette volonté divine, et se montre revêtu de toutes les qualités nécessaires pour réaliser le dessein de Dieu, et est prêt à le faire, si la nation le choisit à cet effet ;

Enfin, la Société qui élit le sujet dans lequel elle croit trouver toutes les conditions nécessaires pour la diriger , sujet qui devient immédiatement dépositaire de l'autorité après son acceptation.

C'est ainsi que le pouvoir 'est divin dans son origine, et humain dans ses moyens ; c'est ainsi que, selon la parole de l'Ecriture, une nation a le souverain qu'elle mérite. (Note 6).

VI. — La fin du pouvoir doit être immédiatement le bonheur temporel, selon les lois de la vérité, de la justice et du droit, et médiatement le bonheur éternel des sujets (Note 7).

D'où il suit : 1° que la religion, la famille et la propriété forment essentiellement la triple base de *l'origine*, de *l'exercice* et de la *fin du pouvoir* (Note 8) ; 2° que la religion, la famille, la propriété, selon le droit naturel et la loi divine, par leurs représentants directs dans une nation, sont les seuls dépositaires (Note 9) de l'autorité, du droit d'élire médiatement ou immédiatement le pouvoir (Note 10. V), en sorte que, tout représentant de la religion, de la famille, de la propriété, a l'obligation *grave* (Note 11) de s'acquitter en *conscience* de ce devoir.

VII. — Cette théorie du pouvoir public chrétien (V.VI), qui n'est autre que le droit naturel plus parfaitement appliqué (Note 12), est la base de toute constitution et s'accommode à toute forme de gouvernement.

VIII. — Toute forme de gouvernement ayant sa base dans les principes du christianisme, est bonne en elle-même, mais ne convient pas à toute nation indistinctement.

IX. — La forme de gouvernement d'un peuple doit être en rapport avec son tempérament, son caractère, sa situation géographique, ses produits, sa vocation, sa mission (Note 13).

X. — Pour connaître la mission d'un pays, et par là même, sa forme de gouvernement, il faut le considérer, d'une part, à sa naissance, à son développement, à son action dans l'Eglise et dans l'humanité (deux choses inséparables) ; voir quand il a atteint sa grandeur et le bonheur (VI) (deux choses qui se suivent inévitablement) ; d'une autre part : 1° quand il a commencé à décroître, constater la liaison entre sa décadence et son éloignement de l'Église, la corrélation qui existe entre son état de force, de splendeur, quand il remplissait sa mission vis-à-vis de l'Eglise, et celui de faiblesse, d'abaissement et de honte, quand il a été infidèle à sa mission (Note 14).

2° Si tel peuple existe encore, considérer son état par rapport à sa *mission* vis-à-vis de l'Eglise (Note 15). Sa vraie forme de gouvernement est celle où il a trouvé le bonheur et la gloire (Note 16).

Cette forme de gouvernement, adaptée au tempérament d'une nation, on ne peut la changer que pour courir au-devant de la langueur, de la maladie, et inévitablement de la mort (Note 17).

II. — Théorie du pouvoir en France.

XI. — La forme du gouvernement français, en vue de la *mission* de la nation et de son tempérament, a été une monarchie héréditaire (Note 18).

XII. — Le pouvoir monarchique en France, s'est constitué de deux manières : par l'hérédité et l'élection ; par l'élection d'abord dans le chef d'une dynastie, puis par l'hérédité, mais toujours selon les principes (V.VI).

XIII. — L'hérédité transmet en France, d'après sa constitution spéciale, le pouvoir en vertu d'un pacte (Note 19) de la loi salique, lequel s'est formé à l'origine entre le souverain et la nation ; pacte qui requiert : 1° que le souverain gouvernera dans l'intérêt de la nation (VI.X), et 2° que la nation reconnaîtra comme son souverain l'héritier mâle en ligne directe, par ordre de primogéniture, tout le temps qu'il sera fidèle à son mandat (X.VI), en vertu du consentement formel ou au moins tacite de la nation qui, par une espèce d'élection sommaire (V), et par la voix de ses vrais représentants (VI), l'acclame comme souverain, au cri de : « Le roi est mort, vive le roi ! »

XIV. — Le bien de la *religion, de la famille, de la propriété, et la mission de la nation* (ce qui constitue la politique intérieure et extérieure) (VI.X) étant le but du pouvoir (XIII) ; si le souverain ne peut en remplir *les devoirs*, la nation peut se choisir un autre souverain ; mais seulement par les moyens justes et légitimes, c'est-à-dire par une élection véritable, où le concours de Dieu, du sujet et de la Société se montre clairement, selon les principes de la vérité, de la justice et du droit (V.VI.X).

XV. — Le pouvoir une fois constitué, un des deux contractants, ne peut briser le pacte au détriment de l'autre, sans jugement préalable d'une autorité supérieure, désintéressée et gardienne des principes éternels de la vérité, de la justice et du droit (II.III), parce qu'on ne peut être jugé sans être entendu, et que personne ne doit se constituer juge dans sa propre cause (Note 20).

XVI. — Si le pacte est violé et qu'une autorité compétente (Note 20 *bis.* II.III.XIV), ne puisse pas se prononcer entre les contractants, il n'est jamais permis de travailler contre le pouvoir pour le démolir comme autorité, mais il est du devoir de tout citoyen de résister à tout abus qui blesserait la Société dans sa base (VI.X. Note 21).

XVII. — Une fois le pacte fait, s'il est violé par un des contractants et que le jugement compétent soit impossible (XV), il n'est permis que de s'en rapporter au jugement de Dieu, lequel se produit toujours.

XVIII. — C'est une vérité de principe confirmée par l'histoire, que Dieu, qui veille sur la Société comme sur son Eglise, toutes deux ses créatures, est le vengeur infaillible de tout ce que le pouvoir, dans un pays, fait contre leur autorité qui découle immédiatement de la sienne (IV.VI), et finit par briser son sceptre et ses droits (Note 22).

XIX. — Le pouvoir est vacant en France, quand : 1° les conditions du pacte ne sont plus remplies (XIII), manque d'héritier ; 2° quand le souverain est expulsé comme juste punition de ses attentats contre l'autorité de Dieu (XVIII) ; 3° qu'il est déclaré vacant par l'autorité compétente (XV) ; 4° que de fait, il n'est possédé par personne.

XX. — Dans la vacance du pouvoir, c'est à la nation de le constituer immédiatement selon les règles de la vérité, de la justice et du droit (V.VI.X. Note 23).

XXI. — Toute prise du trône contre l'autorité constituée de droit, c'est-à-dire contre le souverain ou contre l'héritier du souverain (XIII) ou sans les causes et les *formes juridiques de l'élection* (XIV.XIX) est une usurpation (Note 24).

XXII. — L'usurpation, pas plus que le vol, ne constitue jamais un titre.

XXIII. — L'usurpation, par la suite, peut se valider, si l'usurpateur réunit les conditions suivantes : 1° s'il produit le bien de la nation (XIV) ; 2° s'il est reconnu par la nation (XX. Note 25), ou du moins s'il est accepté par le consentement tacite de la nation, au moyen d'une élection sommaire (XIII).

XXIV. — L'usurpation ne peut donner de titre à l'hérédité qu'à la condition : 1° qu'elle soit validée (XXIII) ; 2° qu'il se fasse un pacte légal entre le souverain et la nation (XIII. Note 26).

D'où il suit que tant que le premier pacte (XIII) n'a pas été rompu validement, son effet direct, est seulement suspendu.

XXV. — L'usurpateur qui renverse l'héritier légitime, commet le crime de lèse-majesté (XIII) ; s'il gouverne contre le bien réel de la nation et sa mission (XIV) *directement*, il y ajoute celui de lèse-nation ; et si les deux crimes sont réunis, c'est un double titre pour être incapable d'acquérir et de transmettre le droit à l'hérédité monarchique (XIII), tout le temps qu'il ne sera pas dans les conditions voulues (XXIII.XXIV).

XXVI. — L'usurpateur ou celui qui gouverne contre la mission de la nation (XIV), s'il est expulsé du trône perd, par là même, tous ses droits (XVII.XVIII) et le pouvoir est vacant (XIX. Note 27).

XXVII. — L'autorité, mouvement de la vie dans une nation, subsiste toujours, constituée dans un pouvoir (Note 27 *bis*).

XXVIII. — Le pouvoir, revêtu de l'autorité, peut être réel ou supposé (Note 28), légitime (XII) ou illégitime dans son origine (XXI), juste (XIV.X) ou injuste dans son action (XXV).

XXIX. — Le pouvoir réel, légitime ou illégitime dans son origine, injuste dans son action, s'il *ruine directement* les bases de la Société (XIV), et la mission de la nation (X.XXV. Note 29) l'instrument du pacte est brisé (VI.XIII.XIV), et la nation a le droit de lui résister par la force, mais seulement après la déclaration de l'autorité compétente (XV), parce qu'une nation a droit à son existence.

XXX. — Le pouvoir réel, légitime, juste dans son action (XXV), s'il sape seulement *indirectement* les bases de la Société (XIV) et de sa mission (X.XXV) par des causes éloignées et par des moyens bons en apparence ou indifférents d'eux-mêmes, acceptés par la nation (VI.XIII), ce pouvoir ne brise pas le pacte social, et il n'est permis à aucun citoyen d'user contre lui de violence, mais il doit seulement agir par les moyens légitimes (XV à XVIII. Note 30).

XXXI. — Le pouvoir réel, illégitime dans son origine, juste ou injuste *indirectement* dans son action (XXX), ne peut être renversé par la violence (XXVII.XVI), mais combattu par les moyens légitimes (XV à XVIII.XXV. Note 31).

XXXII. — La déposition ou l'expulsion du trône légitime, si elle n'est pas dans les règles de la vérité, de la justice et du droit (XV), et si le pouvoir n'a rien fait contre les bases de la Société (XXIX.XXX), n'enlève pas les titres à revendiquer le trône (Note 32).

XXXIII. — Celui qui a des titres au trône (XXXII), en vertu d'un pacte réel, ne peut agir par force contre le pouvoir existant (XXXI), que dans le cas où ce pouvoir ruine directement les bases de la Société et la mission de la nation (XXIX).

XXXIV. — Le prétendant légitime au trône, tout le temps qu'il n'a pas fait abdication (Note 33), est tenu à rappeler ses devoirs vis-à-vis de la nation (XXXII), toutes les fois que le pouvoir devient vacant (XXXI.XIX. Note 34).

XXXV. — Le prétendant légitime qui, lorsque le trône est vacant, ne révendique pas ses droits est censé faire abdication (XXXII) et perd ses droits (XXXIV. Note 35).

XXXVI. — Le pacte conclu en vertu de la loi salique (XIII), entre la nation française et la maison de Bourbon n'a jamais été rompu (XXIV.XXX.XXXII. Note 36), et la nation, sous peine de perdre sa mission et son existence, doit y revenir (Note 37).

DEUXIÈME PARTIE.

Après avoir posé les fondements de l'origine, de l'exercice et de la transmission du pouvoir pour le peuple français, il faut rechercher et définir à la lumière de ces principes la marche que la nation doit suivre pour reconstituer son pouvoir.

VACANCE DU POUVOIR ET ASSEMBLÉE.

Il est notoire que le trône est vacant depuis le 4 Septembre 1870 (XIX) et que le pouvoir est revenu aux mains de la nation (XX.XXVII).

L'Assemblée nationale, élue légitimement par la nation (VI) pour constituer le pouvoir, est la dépositaire du pouvoir (XXVII.VI) pour le constituer sur sa véritable base (XX.VI. Note 38).

PROVISOIRE.

Le provisoire n'a jamais été une forme de gouvernement en France XI) ni nulle part.

Le provisoire n'étant qu'un nom, c'est un devoir pour l'Assemblée de remplir son mandat, seule cause de son existence.

Le mandat de l'Assemblée est la constitution définitive du pouvoir (XX).

La constitution du pouvoir par l'Assemblée ne peut être que sur les bases de la nation française (XIV).

L'Assemblée n'a pas le droit de donner à la nation une constitution contraire à son tempérament et à sa mission (XXIX), parce que ce tempérament et cette mission dépendent de Dieu seul (X), que la nation voulant changer son tempérament et sa mission, serait censée, voudrait se suicider par là même, lorsqu'elle ne demande qu'à vivre. L'Assemblée n'a donc pas le droit de lui enlever les moyens d'existence.

Tout le temps que la forme du pouvoir n'est pas constituée, l'Assemblée n'a pas rempli son mandat.

Tout ce que l'Assemblée règle en-dehors de sa grande mission ne peut être que provisoire, parce que la législation, les institutions d'un pays (politique intérieure, politique extérieure), tenant essentiellement de la nature de la forme de gouvernement, ne peuvent être arrêtées qu'après la constitution définitive du gouvernement lui-même.

Un membre de l'Assemblée qui serait dans l'intention de ne pas sortir du provisoire ou qui ne ferait pas ce qui dépend de lui pour connaître, déterminer et constituer la forme définitive du gouvernement de la France, selon ses besoins, son bien, sa mission, celui-là ne serait pas dans les conditions que requièrent son mandat et ses mandataires ; et devant sa conscience comme devant Dieu seul, qui le sait, il connaît alors jusqu'où peut aller son droit et son autorité (Note 39).

FORMES DE GOUVERNEMENT.

RÉPUBLIQUE ET MONARCHIE.

La République, selon l'acception générale du mot, est une manière de constituer ou d'exercer le pouvoir en faveur et au moyen de la nation (V.VI).

Comme ce mot de *République* s'entend de plusieurs sortes, il faut d'abord en préciser le sens.

Si la République, selon le sens du mot et sa réalité, s'appuie sur les bases du pouvoir et de la Société (V.VI), c'est une forme de gouvernement non-seulement possible, mais encore bonne et vraie. Mais si elle va contre, elle est impossible, mauvaise et fausse.

La République, selon les principes et la forme qu'elle présente dans l'histoire, constitue l'autorité dans *un* ou *plusieurs* sujets par *l'élection* ou *l'hérédité*, pour un temps *déterminé* ou *indéterminé*.

La République actuelle n'est qu'une forme de provisoire, d'après l'Assemblée elle-même et la Nation, par conséquent ne peut être regardée comme forme définitive du gouvernement français.

La République impossible, mauvaise et fausse pour la France a été essayée trois fois. Chaque fois elle a été contraire aux bases de la Société française (XIV) ; chaque fois elle est tombée (XVIII) ; par conséquent, elle est impossible (X) et ne peut être voulue (Note 40).

La vraie République (VI), dans *l'intérêt et pour le bien et la mission* de la nation (X.XIV), est possible et la seule possible (Note 41).

Mais cette République n'est autre chose pour la France que la vraie monarchie (X.XIII.XIV. Note 42).

Donc, la vraie République ou la vraie Monarchie chrétienne est la forme du gouvernement, la seule possible, convenable au bien de la France et de sa mission dans l'humanité (Note 43).

PRÉTENDANTS AU TRONE.

LES BONAPARTES.

Napoléon III.

Il ne tenait pas son pouvoir de l'hérédité, car Napoléon II n'ayant pas régné (Note 44), et Napoléon Ier ne tenant son pouvoir que de lui-même (Note 45), a gouverné contre le bien et la mission de la France (Note 46) ; il a été renversé par Dieu

(XXV), par conséquent ne pouvait transmettre des droits qu'il n'avait point.

Si son pouvoir était légitime (XXVIII), c'est qu'il l'avait légitimé par la seule élection (XXIII), à la seule condition de sauver la Société française et de conserver sa mission (XIV.XXIII. Note 47).

Quelque temps, il a accompli son mandat ; mais bientôt il a été infidèle à sa mission (XXX), et sa déchéance n'a été qu'une juste punition de son crime social (XVII.XVIII. Note 48).

Donc, il n'a plus aucun droit au trône (XXV), aucun titre à se représenter pour être élu de nouveau au trône, parce qu'il s'est rendu coupable de lèse-nation (XXIV), et montré incapable de gouverner selon le bien et la mission de la nation (XIV. Note 49).

Le Prince Impérial.

Dès-lors que Napoléon III a perdu tous ses droits (XXV) et qu'il n'y a pas eu de pacte réel de la nation avec le prince impérial et qu'il ne pouvait y en avoir (XIII), le fils n'a donc aucun droit comme héritier (Note 50) : s'il prétendait à la couronne, ce ne serait en vertu d'un droit autre que celui de l'élection. Mais l'élection lui est impossible dans la vacance du pouvoir (Note 51).

Le Prince Jérôme.

Les mêmes raisons, qui excluent le prince impérial et Napoléon III, lui rendent l'accès du pouvoir impossible (Note 52).

LES PRINCES D'ORLÉANS.

Les princes de la famille d'Orléans ne peuvent avoir de prétentions au trône qu'au titre d'hérédité ou à celui de l'élection (Note 53).

Si c'est au titre d'hérédité, il n'y a que le Comte de Paris qui puisse réclamer ce droit.

Le Comte de Paris.

Si le Comte de Paris réclame immédiatement le trône, c'est qu'il tient ce droit comme héritier direct de Louis-Philippe.

Louis-Philipppe n'a pu lui transmettre le titre avec le droit d'hérédité au trône, qu'autant que lui-même l'eût possédé légitimement.

Mais Louis-Philippe fut un usurpateur (XXI à XXV) dont l'usurpation n'a pas été légitimée (XXXVI) et qui, par sa chute, a perdu tous ses droits, par conséquent, ne pouvait léguer ce qui n'était plus en son pouvoir (Note 54).

D'un autre côté, le Comte de Paris sentant sa situation, ne s'est pas mis dans les conditions strictement requises pour prétendre au pouvoir vis-à-vis de la nation (XXXIV.XXXV. Note 55).

Donc, le Comte de Paris n'a pas droit au trône immédiatement.

Si le Comte de Paris réclame seulement le trône après le Comte de Chambord, il n'a que le droit et le devoir tout simplement de se soumettre à la loi héréditaire de France (XIII).

Mais, comme par cette loi héréditaire de France, le pacte conclu entre la nation et le souverain ne regarde que l'héritier en ligne directe (XIII.XXXVI), ce n'est donc pas avec lui ni avec ses pères que ce pacte a été conclu ; par conséquent, il n'a aucun droit de prétendre poser ses conditions, puisqu'il n'est pas en ligne directe (Note 56).

S'il n'est pas en ligne directe, il n'a pas plus de droit d'exiger qu'Henry V de le faire, un contrat avec le roi par lequel il lui succéderait soit au trône, soit à la régence, en cas d'héritier, parce que ce serait contre le pacte primordial de la loi salique (XIII. Note 57).

Et, comme ce pacte primordial (XIII.XIV) exige que le pouvoir soit pour le bien et la mission de la nation, même dans le cas de mort de Henry V sans héritier, le fils du duc d'Orléans doit être dans les conditions requises pour que cette loi ait tout son effet en sa faveur (Note 58).

2

Et pour que la loi puisse avoir son effet en sa faveur, il est obligé, non seulement d'adhérer tacitement à cette loi, mais encore expressément, à cause de sa position exceptionnelle de descendant de la maison d'Orléans (Note 59).

La soumission pure et simple au roi comme simple membre de la maison de France, suffit (Note 60).

Donc, le Comte de Paris n'a de droit à la succession au trône, après Henry V, qu'autant qu'il aura rempli les conditions essentielles de la loi, requises par elle comme base de la transmission du pouvoir.

Élection.

Pour être porté au trône par l'élection, il faudrait : 1° que le pacte conclu entre la nation et la branche aînée de Bourbon fût rompu, ou du moins suspendu dans son effet direct, vu l'impossibilité, dans les circonstances actuelles, de connaître et de réunir le pouvoir constituant ; 2° que l'Assemblée n'eût aucune règle dans l'établissement du choix du sujet pour la délégation du pouvoir, et fût maitresse absolue de la destinée de la nation; or, ni l'une ni l'autre de ces conditions ne sont vraies dans l'état actuel, car le pacte existe (XXXVI).

Ses effets ne sont pas suspendus (Note 61), car l'*Assemblée*, d'un côté, est reconnue comme dépositaire du pouvoir, le *pouvoir de la nation* est dans ses mains, et l'anarchie ne règne pas dans la nation ; l'Assemblée est libre de toute pression étrangère physique ou morale, qui pourraient entraver sa liberté, de manière à l'empêcher d'accomplir son devoir (Note 62).

L'Assemblée a des règles tracées pour l'élection du souverain (XIII.XIV), le bien de la nation, sa constitution primordiale (XXXVI), et n'a pas le droit de séparer ce que Dieu a uni et d'enlever à la France la mission qu'il lui a donnée (IX.X.XI. Note 63).

Donc, le Comte de Paris ne peut arriver au trône par l'élection.

Or, dans les circonstances actuelles, étant légalement exclu du trône de France par les deux seules voies légitimes, l'hérédité et l'élection, il ne reste plus qu'un moyen, l'usurpation et l'injustice.

Les Princes d'Orléans.

S'ils pouvaient avoir la prétention d'arriver au pouvoir en France, ce ne saurait être qu'en vertu de l'élection. Mais dèslors que l'élection est interdite au chef de la famille, elle l'est, par là-même, à tous les membres.

FUSIONNISTES.

La fusion, telle qu'on l'entend aujourd'hui en politique française, est quelque chose ou n'est rien.

Au point de vue doctrinal, c'est une hérésie politique ;

Au point de vue politique, c'est un leurre, le mot de passe pour les compromis d'intérêts et d'ambition ;

Au point de vue de forme, c'est une nouvelle création du libéralisme et un nouveau couvre-feu de la révolution dans l'ordre religieux et politique ;

Au point de vue du vrai sens du mot, c'est une bannalité d'enfant qui veut dire que pour être une chose, il faut avoir les conditions de cette chose.

Donc, la fusion prise hors du vrai sens du mot, est une erreur et un mal que l'honnêteté repousse, et prise dans le vrai sens du mot, une chose commune qui ne mérite que l'attention des choses communes (Note 64).

Henry de Bourbon.

Pour que Henri V ait droit au trône de France par le titre d'hérédité, le seul qu'il avance, il faut :

1° Qu'il soit héritier direct de la maison, descendant du souverain avec lequel la nation française a fait le pacte ou contrat de la transmission du pouvoir ;

2° Que ce pacte existe encore et conserve toute la vigueur dans ses effets ;

3° Qu'il remplisse les conditions du contrat primordial vis-à-vis de la France.

Si ces trois choses sont réelles, Henri V est vraiment l'héritier de la couronne, et comme la couronne ne peut être partagée en France, le seul héritier de la couronne.

Pour le premier point, il est incontestable et incontesté (Note 65).

Pour le second point, le pacte existe (XII), il n'a jamais été rompu (XXXVI) mais seulement suspendu dans ses effets (XXIV); il devient obligatoire sitôt que son exécution est possible, c'est-à-dire dans la vacance du pouvoir (XIX), ou lorsque le pouvoir existant veut ruiner la nation (XXIX). Or, le pouvoir est aujourd'hui vacant, donc le pacte est en pleine vigueur (Note 66).

Pour le troisième point, Henri de Bourbon a rempli les conditions du pacte en lui-même et dans ses conséquences.

Pour le *passé*, il n'a rien fait, qui fut condamné par ce pacte, contre la nation qu'il n'a pas troublée, contre les pouvoirs existants qu'il n'a pas contribué à renverser (XXXIII), contre les bases de la Société indirectement par ses pères, ni directement par lui (XXXII.XXXVI); il n'a pas abdiqué (XXXIV. Note 67).

Pour le *présent*, dans la vacance du pouvoir, il renouvelle qu'il n'a pas abdiqué (XXXIV), il rappelle ses devoirs vis-à-vis de la nation (XXXIV), et ses droits en vertu d'un contrat obligatoire (XXXV); il rappelle qu'il ne veut pas rentrer par force, mais par la volonté de Dieu et du peuple, se manifestant par l'exécution du pacte primordial (XIII.XIV), et pour la justice (XV) et le bien de la nation (XIV. Note 68).

Pour l'*avenir*, en vertu du contrat primordial, il promet, et il y est rigoureusement tenu, d'agir pour l'ordre et le bien général, et non en homme de parti.

Ce contrat étant basé sur les principes mêmes de la vérité, de la justice et du droit, par rapport à la Société (XIV), si le pouvoir allait contre les bases de la Société directement (XXIX), ou indirectement (XXX), ce serait alors, pour la nation, un droit et un devoir de lui résister directement ou indirectement à son tour.

Et comme les bases de la Société et du pouvoir, religion, famille et propriété (VI) sont l'origine, le moyen et la fin du pouvoir, il s'ensuit que le pouvoir doit être pour toutes les classes indistinctement qui représentent la religion, la famille et la propriété, ce qui exclut l'homme de parti (Note 69).

Le pouvoir étant pour le bien de la religion, de la famille, de la propriété et la mission de la nation (VI.XIV), il doit avoir un double devoir à remplir, celui de la politique intérieure et celui de la politique extérieure.

Le pouvoir étant tenu d'être indistinctement pour toutes les classes de la Société en France, et le bien de la religion, de la famille et de la propriété étant la *fin* du pouvoir, il s'ensuit que la décentralisation, et la *décentralisation vraie*, c'est-à-dire les droits légitimes de la famille, de la commune, de la province en face de l'Etat (Note 70) découle nécessairement du pacte primordial, car personne n'est plus censé porter d'intérêt à ses propres affaires que soi-même.

Or, il n'y a de vraiment centralisateur que la Révolution ; mais le Comte de Chambord a déclaré solennellement qu'il ne consentirait jamais à être le roi de la Révolution.

Donc son pouvoir sera et *doit être* par et pour le pays, par conséquent décentralisateur, respectant les droits représentés par la religion, la famille, la propriété, dans la commune et dans la province.

Et, comme le gouvernement du pays et pour le pays, est la politique intérieure, c'est-à-dire l'ensemble et l'organisation des *droits* et des *devoirs* de ce qui constitue les bases de la Société, la politique intérieure *ne peut donc être* que décentralisatrice, c'est-à-dire *directement* pour le bien de la religion, de la famille et de la propriété (XIV.VI), dans la famille, la commune, la province, et *indirectement* en faveur du pouvoir, pour l'aider à remplir sa mission (VI).

Voilà pour la politique intérieure.

Or, Henri de Bourbon a solennellement promis cette décentralisation ; il y est *rigoureusement et consciencieusement* tenu par la forme monarchique de France (XIV), et ce serait aller contre cette forme, par conséquent, faire *un acte d'injustice*, que de ne pas rendre à la religion, à la famille et à la propriété, leurs droits dans la commune et dans la province (Note 71).

Voyons maintenant pour la politique extérieure.

Comme la mission de la France est la condition essentielle de sa raison d'être et de son existence (X), il en résulte que la France doit remplir cette mission et qu'elle en a les moyens.

Et cette mission, regardant la France en tant que nation, et la France, comme nation, étant personnifiée dans le pouvoir, il en résulte que c'est au pouvoir de suivre et d'accomplir cette mission par les moyens de la France comme nation (Note 72).

Et, comme le pouvoir, en France, est essentiellement *un* (XIII), il est nécessaire que les moyens de réalisation de cette mission se concentrent dans le pouvoir, c'est ce qui constitue la *centralisation* (Note 73).

Or, la centralisation, c'est l'obligation et la réunion des *devoirs* de la famille, de la commune, de la province, vis-à-vis le pouvoir pour lui donner les moyens de remplir sa mission à l'intérieur et à l'extérieur.

Et le comte de Chambord n'a-t-il pas affirmé sa mission ?

Ensuite, le pouvoir n'ayant que les devoirs de la nation pour moyens de réaliser sa mission, et étant obligé à la décentralisation (politique intérieure), dans le gouvernement du pays d'une part ; d'une autre, pour la fin de sa mission, étant obligé à la centralisation, il s'ensuit que la centralisation est subordonnée et intimement liée à la décentralisation, comme la politique extérieure est subordonnée et intimement liée à la politique intérieure qui en est le principe, le moyen et la fin (XIV. Note 74).

Cette subordination et cette liaison intime de la centralisation à la décentralisation ne peut exister et subsister que par une organisation vraie et solide de la nation (XIV) pour son bien et celui de sa mission (Note 75).

Cette organisation aura lieu si la nation est rigoureusement établie sur ses vraies bases (XIV) dans son gouvernement à l'intérieur (Note 76).

Et comme les bases d'une organisation consistent dans la législation et les institutions (Note 77), il s'ensuit que la législation et les institutions doivent être basées sur le gouvernement intérieur, et comme le gouvernement intérieur est la décentralisation, il s'ensuit que la législation et les institutions doivent, en dernier ressort, s'appuyer sur la religion, la famille, la propriété *directement* (Note 78), et *indirectement* sur la commune et la province (Note 79).

D'où il suit : 1° Que l'organisation d'un pays, et la réorganisation de la France en Mai 1872, est strictement basée sur la véritable idée de décentralisation et de centralisation du pouvoir ; 2° que cette décentralisation et cette centralisation sont intimement liées à la forme constitutive du pouvoir ; 3° que la forme constitutive du pouvoir en France (XIII) est l'hérédité monarchique ; 4° que l'hérédité monarchique n'est attachée qu'à Henri de Bourbon (XXXVI).

Donc, la France ne pourra jamais, de nécessité absolue, se reconstituer et se réorganiser que sous le principe de vérité, de justice, de droit, basé sur sa monarchie et représenté par Henri de France ;

Donc, la France doit rappeler Henri de Bourbon ;

Donc, l'Assemblée représentant la France doit rappeler HENRI V.

NOTES.

—

Note 1. — Le Christianisme a détruit et remplacé les bases du droit païen. D'après le droit païen, l'homme n'avait qu'une *vie*, celle du temps ; la société, qu'une *fin*, qu'une *règle*, le bonheur matériel de l'homme ici-bas ; le pouvoir, qu'une origine, une convention humaine : d'où la force, le fait accompli, créant le droit et en étant la seule source.

La religion était essentiellement matérialisée ; on en était venu à créer des divinités pour tous les instincts et appétits charnels de l'homme : « Tout était Dieu, excepté Dieu lui-même. »

L'Etat, et par l'Etat, le chef de l'Etat était tout : Religion, Famille, Propriété, tout était pour l'Etat et par l'Etat.

Le Christianisme a enseigné, démontré, communiqué la *véritable vie* à l'homme et à la société. Il a fait de la société un instrument divin pour aider l'homme à aller à Dieu ; du pouvoir, une délégation de l'autorité divine, pour conduire et maintenir la société dans les voies qui aident l'homme à gagner la vie éternelle. Les principes éternels de vérité, de justice, de droit ont été déterminés, affirmés et maintenus dans la Religion, la Famille, la Propriété, bases essentielles de toute société, et leur application a été fixée par la parole de J. C., dont l'Eglise est l'interprète divine par l'enseignement infaillible du Pape.

C'est donc à la source du droit chrétien qu'il faut aller puiser les notions véritables de la société, si l'on veut, d'un côté, reprendre la vie, et la vie plus abondante, et, de l'autre, échapper sûrement à la mort que vomit de toutes parts le droit païen, tant vanté dans les écoles modernes et si en vogue depuis la réforme protestante.

Note 2. — J. C. est venu pour le salut de l'*humanité entière*. C'est

dans cette fin qu'il a constitué divinement son Église, une *société
complète et parfaite*, un *grand royaume*, devant comprendre tous
les hommes, toutes les sociétés, tous les royaumes, par la participation réelle aux bienfaits de la révélation, par l'exécution de la
volonté de Dieu leur créateur, par la manifestation et l'application
des principes de la vie qu'il a apportée du ciel. En se donnant lui-
même comme un modèle à l'homme, et en établissant son Eglise
comme l'expression de la volonté divine et comme modèle exem-
plaire de toute société, J. C. s'est adapté à la nature de tout homme
et de toute société.

Note 3. — Cet enseignement catholique et traditionnel a fourni
les plus belles conceptions aux grands génies du Christianisme. La
cité de Dieu de saint Augustin, l'histoire universelle de Bossuet, les
immortels écrits du comte J. de Maistre, y ont puisé tour-à-tour
des lumières prophétiques.

En réalité, l'histoire se divise donc en deux parties : la première,
l'histoire ancienne jusqu'à J. C., et la seconde, depuis J. C. jusqu'à la fin du monde. Ce n'est qu'à la méditation de ce haut enseignement que l'homme peut seulement pressentir la *politique de
Dieu* pour le présent, se l'expliquer pour le passé, et la présumer
pour l'avenir. Tout ce qui arrive est en vue de l'Eglise. « On di-
» rait que l'Eglise Romaine est douée de la seconde vue, et qu'ayant
» reçu de J. C. les clefs du royaume céleste, elle tient en même
» temps, dans ses mains, avec la balance du droit et de la justice,
» la clef de l'histoire et les secrets de l'avenir. » Mgr Pie, Hom. sur
la fête de S. Hil. (1872).

Note 4. — L'Eglise, c'est la société de l'homme avec Dieu et de
Dieu avec l'homme.

Cette société a trois termes, trois points de départ : celui de la
préparation ou du commencement, qui date de la création de
l'homme jusqu'à la formation de l'Eglise ; celui de l'accomplissement ou du milieu, qui va depuis J. C. jusqu'à la fin du monde ;
enfin, celui de la perfection ou de la fin, qui est l'éternité... le
ciel...

L'*Homme* a été créé par Dieu et pour Dieu ;
La *Société* a été créée *directement* par Dieu et pour l'homme ;
L'*Humanité entière* est la créature de Dieu, réalisée par l'accom-

plissement de la *mission* qu'il déposa dans la nature du *premier homme*, de se multiplier et de remplir la terre ; ce qui fait que tous les hommes sont réellement frères et enfants de Dieu.

L'homme est avec Dieu et Dieu est avec l'homme par la loi naturelle, c'est-à-dire par la *révélation et la connaissance* des vérités premières qui regardent le principe et la fin de l'homme ; vérités déposées dans l'âme de toute créature raisonnable.

La Société est avec Dieu par la *nature* même de l'homme, par ses *besoins*, par l'*autorité* qu'il a établie dans le premier homme comme auteur secondaire de la vie, par la *soumission* imposée à la créature de l'homme vis-à-vis l'auteur de ses jours, comme représentant de Dieu, et par le double précepte positif et négatif (fondement et lien de toute société) ; « Rends à autrui le bien que tu voudrais qu'on te rendît, et ne fais pas à autrui le mal que tu ne voudrais pas qu'on te fît à toi-même. » Précepte gravé dans l'âme de tout homme.

Outre cette loi naturelle, déposée et maintenue au fond de la conscience humaine et de toute société, Dieu s'est encore réservé de développer de plus en plus ce fondement et ce lien qui rattachent l'homme et la Société à leur créateur, de sorte que, dans la suite des temps, Dieu donnera progressivement à l'homme et à la Société une connaissance et une communication plus grandes de ce fondement et de ce lien, afin de leur faciliter la connaissance, la volonté et l'amour de leur fin, jusqu'à ce que l'union de l'humanité avec Dieu soit complétée par l'incarnation. De plus, lorsque J. C. aura payé la dette de l'humanité, il instituera un corps chargé de poursuivre, dans la suite des siècles, jusqu'à la consommation de l'humanité en Dieu, ces développements établis par lui, et de faire participer l'humanité entière aux communications qu'il lui fera touchant les besoins de l'homme et de la Société, et selon sa volonté divine, et ce corps s'appellera l'Eglise catholique, apostolique, romaine.

Telle est la mission de l'Eglise !

Or, la société humaine est ou *païenne*, ou simplement *chrétienne*, ou *catholique*. Dans la société païenne, l'Eglise est le principe, le moyen et la fin.

Le principe, par la loi naturelle (voix de Dieu) et par la destinée de l'homme et de la Société. Et cette loi naturelle, qui rattache l'homme à Dieu son créateur, et les hommes entre eux ; ce lien des âmes avec Dieu et entre elles, n'est autre chose que la grande loi de l'amour de Dieu et du prochain, fondement du Christianisme et de tous ses développements :

Le moyen, puisque c'est par l'*Eglise seule* que l'homme et la Société peuvent avoir la révélation et le bienfait de leur destinée d'une manière complète :

La fin, puisque c'est l'Eglise qui a été instituée le seul canal ordinaire des communications du ciel à la terre, et la voie qui vient de la terre au ciel, et que tout homme et toute société sont appelés à participer aux communications divines faites pour l'humanité.

Dans la Société chrétienne, J. C., Dieu créateur, étant le centre de la Société, son principe et sa fin, l'Eglise, qui est son corps mystique, jouit par là même, des mêmes prérogatives.

Mais comme l'Église, dans sa marche ascensionnelle et laborieuse vers l'éternité, a besoin de nouvelles communications divines, il y a cette différence entre la Société *simplement chrétienne* et la Société *catholique*, que la première, restant toujours au point de départ du véritable chemin, refuse de suivre Dieu et veut s'arrêter où elle veut dans la voie de ses communications, tandis que la seconde suit Dieu pas à pas, accepte toutes ses communications et ne veut s'arrêter qu'au terme final.

Ce qui forme une société et en est le soutien , ce sont les principes éternels de vérité, de justice et de droit, tels que Dieu les a établis ; et ces principes ne peuvent ni ne doivent recevoir aucune détermination, interprétation et application autres que celles qui ont été fixées par J. C. Et comme J. C. a institué l'Eglise romaine son *organe* et l'*organe du ciel*, il s'ensuit que l'Eglise romaine a été établie, par là même, la *dépositaire*, la *gardienne* et la *dispensatrice* de ces principes, d'une manière éloignée vis-à-vis la société païenne , d'une manière rapprochée, incomplète, dans la société simplement chrétienne, et d'une manière complète et immédiate dans la société catholique. D'où il résulte que l'Eglise catholique, l'Eglise romaine est l'âme de l'humanité entière.

Et, pour traduire la pensée de cette double lumière de l'Eglise de France sur le siége de Poitiers, nous devons dire que, comme le Catholicisme a son établissement *propre et principal* dans le siége de l'Empire romain, il s'ensuit que les nations occidentales de l'Europe, les races latines, sont assurées de la garantie de leur relèvement et de leur durée, tant que le monde ne sera pas près de finir ; et de ce que la France a été l'instrument de J. C. vis-à-vis de son Église pour le bien de l'humanité, on peut en conclure d'après son histoire, que son rôle n'est pas encore terminé.

Note 5. — Puisque Dieu est directement le créateur de la Société, il doit être également le créateur direct (en soi, à sa source) de l'autorité (fondement principal de la Société). Tel est l'enseignemnet catholique : *Omnis potestas a Deo ;* — tout pouvoir vient de Dieu.

L'école païenne, philosophiste, révolutionnaire, protestante, veut l'autorité directement humaine, c'est un résultat de l'accord des hommes entre eux. Ainsi le prône le fin Jean-Jacques.

Le libéralisme, cette bascule perfectionnée, brevetée avec garantie du gouvernement de Satan, adopte, tantôt l'enseignement catholique, tantôt l'enseignement des ennemis du catholicisme, selon que la vérité ou l'erreur favorise davantage son but prochain ou éloigné.

Note 6. — Il y a quatre écoles essentiellement distinctes, qui forment quatre espèces de droit :

1° Le droit autocratien ou païen, si improprement nommé divin. Il supprime le *concours de la Société* et la *mission du sujet.* — Le peuple est une chose... c'est la *res* des latins dont un homme, fils de roi, hérite comme d'un cheval. Le souverain est maître absolu, indépendant de toute autorité humaine ou divine... il ne relève que de lui-même...

2° Le droit populaire, diamétralement opposé au dernier : celui-là supprime Dieu, la *mission du sujet.* — Le peuple seul est tout... c'est le peuple souverain... le peuple-roi, ne relevant que de ses caprices, subordonné à la loi du caprice lui-même, orné et revêtu des passions ou de l'intérêt du moment.

3° Le *droit césarien*, supprimant Dieu, la *Société* et la *mission du sujet*, — l'homme se fait tout seul souverain... il remplace Dieu, la Société, et s'adjuge lui-même la mission... il ne tient sa couronne que de son épée, de sa rouerie ou de ses finances, (des siennes d'abord, mais bientôt de celles de tout le monde... de **la chose publique**).

Dieu, religion, conscience, honnêteté, honneur, devoir, etc., tout ça n'est que des mots… bons cependant à retenir comme provision à l'Académie française.

Le libéralisme politique et religieux a fait preuve de sagesse et de prévoyance dans ses intérêts, en imitant son chef, Luther, qui favorisait tour-à-tour chacune de ses erreurs, selon les besoins du moment ou de sa cause.

4° Le *droit catholique*, fondé sur la Révélation, démontré par l'enseignement et la pratique de l'Eglise, confirmé par le sens chrétien et approuvé par la saine raison, reconnaît cinq choses dans l'établissement du pouvoir, et conserve ainsi dans le gouvernement d'un peuple le concours de Dieu, celui de la Société et la mission du sujet :

1° Dieu qui fraie la voie à la Société par les *événements qu'il permet*, afin de manifester sa volonté;

2° La Société, qui se trouve sans pouvoir défini, revêtue de l'autorité ;

3° Un sujet qui sort de la foule et se montre doué des qualités nécessaires pour conduire la Société, qui lui offre le pouvoir ;

4° Un pacte qui s'établit entre la Société et le souverain par l'acceptation du sujet.

5° L'Eglise, comme organe de Dieu, seule dépositaire, gardienne et interprète des principes de la vérité, de la justice et du droit (Voyez note 4), seule juge *médiat* ou *immédiat* de l'observation de ce pacte.

Que les hommes l'acceptent ou la refusent : dans une société chrétienne et catholique, cette théorie est la vérité. Et depuis 1648, Dieu ne cesse d'en fournir une démonstration péremptoire contre laquelle aucune objection ne peut tenir. Et la France qui, pendant douze siècles en avait été une preuve *positive*, maintenant en est devenue une preuve *négative*, depuis cette triste époque de 1648, par ses continuels arguments contre cette vérité pour la détruire. La France de 1872 sera finalement obligée de l'accepter et de la faire accepter, sous peine d'épuisement total et de mort.

Note 7. — Les moyens pour la fin :
Le pouvoir est pour la Société ;
La Société a été créée par Dieu et pour l'homme ;

L'homme a été créé par Dieu et pour Dieu ;

Toutes les créatures ont été crées par Dieu et pour l'homme, afin de l'aider à aller à Dieu.

Or, l'usage des créatures a été réglé à l'homme par la loi de Dieu.

Donc, le pouvoir (délégation de Dieu), doit régler l'usage des créatures d'après la loi de Dieu.

Et comme la loi de Dieu est pour conduire l'homme au ciel par l'Eglise, le pouvoir doit donc se régler d'après l'Eglise.

L'Eglise est à une société ce qu'est l'âme au corps.

C'est l'âme qui informe, anime, gouverne le corps. Elle est son principe de vie et de mouvement, comme son moyen et sa fin. De même, l'Eglise est le principe de vie, de mouvement d'une nation, comme elle en est son moyen et sa fin.

Et, comme le corps et l'âme, quoique essentiellement distincts, sont intimement unis pour former une personnalité, ainsi le pouvoir religieux et le pouvoir civil, essentiellement distincts dans une société, sont intimement unis pour former un peuple à part, un peuple qui ait sa personnalité.

Si la séparation du corps et de l'âme produit la mort, la séparation de l'Eglise et de l'Etat, c'est-à-dire la soustraction des devoirs et des droits de la Société au domaine de Dieu, ne peut avoir infailliblement d'autre effet pour une nation. Et ce péché de séparation, une fois consommé, engendrera la mort. Mais ce péché, tant désiré des révolutionnaires et des libéraux, doit être et sera le dernier, si jamais la Providence nous abandonnait définitivement à notre sagesse de réprobation quatre-vingt-neuviste.

Note 8. — 1° La religion, la famille et la propriété doivent donc être, premièrement et avant tout, constituées dans un peuple.

La religion sera constituée, si la *législation* et les *institutions* d'un peuple sont basées sur la vérité, la justice et le droit ; et comme l'Eglise en est la dépositaire, la gardienne et l'interprète, si la législation et les institutions ne sont pas, non seulement *contre l'Eglise,* mais encore *selon* l'esprit de l'Eglise (esprit de J. C., esprit de liberté et de charité), et pour la perfection de l'Eglise dans ses membres, c'est-à-dire pour le bien de la religion.

La famille est constituée quand elle est assise sur ses bases naturelles, c'est-à-dire lorsque les *droits* et les *devoirs* dans la famille et chacun de ses membres sont *déterminés, poursuivis, remplis* d'après la loi de Dieu dont l'Eglise est l'interprète authentique.

La propriété est constituée quand les *titres d'acquisition, de possession, d'usage, de transmission*, sont basés sur la loi de Dieu, pour le bien de la *famille d'abord* et celui du *peuple ensuite*, de manière qu'elle soit un moyen de remplir leur vocation et de parvenir à leur fin.

2° La religion étant la base de toute société, l'Etat comme Etat doit donc avoir une religion d'Etat. C'est une conséquence directe de la notion même d'autorité.

Il ne suffit pas que la religion d'un peuple soit *proclamée* celle de la majorité de la nation, il faut qu'elle soit *légale*, c'est-à-dire que, *civilement* et *politiquement*, elle soit celle du pouvoir.

Voilà le secret de la force de la Russie, de l'Angleterre, etc. La France a été la seule et pour son malheur, à se jeter en-dehors de cette assise fondamentale de la Société.

Cette profession *civile* et *politique* d'une religion pour le pouvoir, n'implique en rien l'obligation d'ôter aux citoyens la liberté de pratiquer le culte d'une autre religion, mais elle ordonne au pouvoir d'avoir une religion... et *une seule*, parce que la Société étant la créature de Dieu et le moyen créé par Dieu pour l'existence et la fin de l'homme, Dieu a voulu que la religion fût le lien de la Société, c'est-à-dire une autorité proprement dite, représentant l'autorité de Dieu, dont elle est une délégation ; et, comme la Société est une... que Dieu est un.., qu'il n'y eut qu'une religion.

Comme conséquence , il est défendu au pouvoir : 1° de reconnaître toutes les religions comme également vraies, parce que Dieu étant la vérité, la Société étant la créature de Dieu, et le pouvoir une délégation de l'autorité de Dieu pour le bien de la Société, Dieu défend au pouvoir d'être absurde vis-à-vis de la Divinité, de la Société et de lui-même, en professant *civilement* et *politiquement* que le *oui* est égal au *non*, et que le *rien* est la même chose que quelque chose, que la partie est égale au tout.

2° D'*appuyer la législation* et les *institutions* sur des bases contraires de cultes différents, mais de mettre sa législation et ses institutions en rapport et en harmonie avec sa religion.

3° De *favoriser légalement* l'erreur et le mal, mais de protéger la vérité et le bien, c'est-à-dire la justice et le droit.

4° De mettre des entraves à la vérité, à la justice et au droit, parce que la vérité, la justice et le droit sont l'expression de Dieu avec les hommes, et que ce serait aller contre Dieu que d'empêcher ou de détruire cette expression; parce que le pouvoir étant une délégation de l'autorité divine, et que l'autorité divine se caractérisant dans la vérité, la justice et le droit, ce serait pour le pouvoir lui-même, se donner la mort volontairement, ce qui est contre la nature de l'homme et contre la volonté de Dieu.

Note 9 — L'autorité est une délégation de Dieu pour attacher et conduire l'homme à Dieu.

Le fondement de cette délégation, ce sont les principes de vérité, de justice et de droit, que Dieu a déposés dans ses créatures raisonnables : l'homme et la Société.

L'autorité s'exerce directement à l'égard de la propriété, dans la famille et dans la religion.

La propriété est un moyen *à son origine, établi directement et nécessairement par Dieu* pour l'existence de l'homme, de la famille et de la Société, et comme le lien extérieur de la Société est la propriété, et que l'autorité n'est constituée que pour l'existence de la Société, il s'ensuit que la propriété, par ses représentants directs, est une des sources originaires de l'autorité, une base essentielle de la Société.

La famille a été établie et constituée par Dieu lui-même. L'autorité, dans la famille, a été léguée par Dieu, créateur, au chef de la famille, et elle se maintient par la révélation des principes éternels de vérité, de justice et de droit, gravés dans l'âme. Ces principes constitutifs de l'autorité dans la famille ont été développés successivement par leur auteur, dans la suite des temps, jusqu'au moment où ils ont été complétement et définitivement arrêtés par la parole de J.-C. Et comme la Société n'est, elle-même, qu'une grande famille, il en résulte que la famille est une source originaire du pouvoir.

La religion, qui est l'expression directe de la volonté de Dieu, comme dépositaire, gardienne et interprète des principes constitutifs de la famille et de la propriété est encore, elle aussi, et à plus forte raison, la source et la première source de l'autorité dans une société.

Ainsi, la propriété, la famille et la religion, forment la triple base de l'autorité dans la Société.

Note 10. — On comprend tout de suite à la lumière de ces principes, quels sont les membres d'une société qui ont le *devoir et la charge* de constituer le pouvoir ; par conséquent, qu'elle est la *base naturelle* du vote universel, si mal nommé, puisque plus des trois-quarts de la nation en sont formellement exclus, femmes, enfants et jeunes gens qui n'ont pas 21 ans.

Ont droit... et seuls ont droit au vote universel :

Tout *chef et père* de famille, propriétaire ou non, riche ou pauvre, parce qu'il est le représentant de la famille et que la famille est une source de l'autorité;

Tout citoyen, propriétaire du sol dans sa nation, père de famille ou non, pourvu qu'il soit à un âge de discrétion, fixé par le droit, où il puisse prendre part à la gestion de ses biens ;

Tout ministre de la religion et de la *religion légale*.

On pourrait demander : 1° si le titre de propriétaire, seulement dans un pays qui n'est pas soumis à sa patrie, peut donner le droit d'électeur ? — Non, parce qu'il s'agit du pays même où l'autorité s'exerce et constitue le pouvoir ;

2° Si celui qui est possesseur de trésors, de capitaux, et qui n'a rien en propriété du sol, peut être regardé comme propriétaire, vu que l'argent, aujourd'hui, est considéré comme productif, tandis qu'autrefois ce n'était qu'un moyen de relation, représentant lui-même la propriété.

Nous répondons négativement, parce que l'argent n'est pas *par lui-même* et *directement* productif comme le sol, et ne saurait en rien *directement* servir aux besoins essentiels de la vie ; ensuite parce qu'il n'est productif qu'indirectement, c'est-à-dire qu'à l'aide des produits du sol ; enfin, parce qu'il est mobile et ne reste pas comme ce qui tient au sol.

3° Le souverain seul, ou la nation seule, ou les deux ensemble ont-ils le *droit* de déroger à ces principes et de donner le titre d'électeur à quiconque n'est pas dans les conditions ci-dessus ?

Non, parce que c'est du droit naturel, (droit qu'on ne viole jamais impunément comme le prouve l'histoire, et notre triste expérience depuis 1789).

C'est à cette base naturelle que se rapportait la constitution des États-Généraux des provinces et de la nation dans l'ancienne monarchie française.

La religion était représentée par le clergé ;

La propriété l'était par la noblesse et le clergé ;

La famille, par la noblesse et le peuple.

Ce qu'il y avait de remarquable, et ce qui nous donne la raison de sa durée, c'est que cette triple base de l'autorité formait toute la force de l'ancienne constitution monarchique.

Toutes les combinaisons qu'on voudra bien inventer en dehors de cette vérité ne conduiront jamais qu'à des désastres ; témoins, tous nos régimes depuis 1789. Aucun gouvernement n'est resté debout : ils ont tous fini par croûler ; la Restauration peut-être mieux que les autres, parce qu'aucun de ces gouvernements n'avait une véritable et forte organisation d'après les principes constitutifs du pouvoir.

Note 11. — La gravité d'un devoir, en lui-même, découle de la *matière*, de la *fin*, des *circonstances* et des *effets résultant de l'accomplissement ou de la négligence de ce devoir*.

Or, d'après ce principe : 1° l'abstention ne peut avoir lieu sans raisons graves en elle-même, parce que le gouvernement d'un pays est quelque chose de très-grave, puisqu'il touche aux bases même de la société ;

2° Le vote ne peut se faire qu'en *connaissance de cause*, parce que c'est un acte humain. Cette connaissance peut être complète ou incomplète : Elle est incomplète quand l'électeur s'en rapporte à une personne éclairée en qui il a confiance, pour la *cause* et le *but* du vote. Cette connaissance indirecte est *nécessaire* et *suffisante* ;

3° Comme il s'agit du bien de la communauté ou de la nation entière, l'électeur ne peut chercher son bien *particulier* à lui, ni celui de *sa famille ou de ses amis*, dans le choix de la personne qu'il délègue, à plus forte raison il ne peut en aucune manière, sans faute très-grave contre la communauté elle-même, qu'il atteint dans son existence, choisir comme un représentant celui qui, par ses *principes*, ses *intentions* et son *but* attaque la Religion, la Famille, la Propriété, bases essentielles de toute société.

Ceci ressort directement de la notion même de ce devoir... tout devoir comporte une certaine connaissance de l'obligation et des effets qu'il entraine, et comme c'est une chose gravée dans la conscience, qu'on ne peut pas plus faire le mal à son prochain, à une société qu'à soi-même, d'un autre côté qu'il faut leur faire le même bien qu'on voudrait à soi-même ; il s'ensuit que cette obligation est aussi bien pour le musulman, le protestant que pour le catholique, et que le principe énoncé plus haut ne peut être contredit par *aucune religion*, que *c'est le droit naturel*.

La gravité de ce devoir en lui-même montre combien l'éminent archevêque de Chambéry avait le droit et le devoir de la rappeler à ses diocésains.

Maintenant que penser du vote en France, et quelle ligne de conduite tenir pour être en accord avec les principes énoncés plus haut ? — Nous accordons que le droit de vote n'est pas assis sur sa véritable base, et, comme conséquence, que l'injustice a beaucoup plus de force et d'étendue que la justice, le désordre que l'ordre, l'intérêt privé que l'intérêt public, etc., etc., mais s'ensuit-il pour cela que l'obligation de ce devoir ait disparu ?

Non, car 1° cette obligation est personnelle à l'électeur, et au seul électeur qui rentre dans une des trois catégories, comme représentant de la Propriété, de la Famille et de la Religion ;

2° Si cette obligation disparaissait, ce ne serait qu'en vertu de l'impossibilité.

En effet, toute obligation qui devient impossible, cesse par là même. Elle devient impossible de deux manières : physiquement ou moralement :

Physiquement, quand c'est une impossibilité matérielle ;

Moralement *a*) quand l'électeur, après avoir cherché consciencieusement, ne trouve pas de représentant dans les conditions voulues pour l'objet du mandat;

b) Quand il ne trouve que des représentants qui soient opposés au bien de la communauté, selon sa conscience et le sentiment de personnes éclairées.

Dans ces deux cas alors, l'abstention devient obligatoire, parce qu'il y a impossibilité morale. Mais en dehors de ces deux cas, toute la doctrine de l'obligation du vote, malgré sa mauvaise organisation, peut et doit être applicable en France.

Note 12. — Dans toutes les nations civilisées ou barbares, chrétiennes ou païennes, on rencontre ces trois éléments constitutifs de la Société et du Pouvoir : Religion, Famille, Propriété. C'est par la *détermination* de ce qui constitue la Religion , la Famille et la Propriété, et par l'*application* du droit qui leur est attaché que se fait l'élection du souverain.

Note 13. — Les nations sont comme les familles, les familles comme les individus. Dans les individus, il y a la vocation à *la vie commune,* c'est-à-dire pour soi et sa famille, dans les fonctions ordinaires de la vie et communes à tout le monde , et la vocation à la vie publique , c'est-à-dire pour la communauté , dans des fonctions extraordinaires et particulières seulement à quelques membres.

Or, ce qui détermine le *devoir*, le *droit* et la *perfection* de l'individu, ce n'est autre chose que l'obligation qu'il contracte comme homme par sa position dans la vie commune ou dans la vie publique, en un mot par sa *vocation.*

Il en est de même pour les familles et pour les nations.

Parmi les nations, les unes ont la vocation de la vie commune de nation, c'est-à-dire pour elles-mêmes ; d'autres la vocation de la vie publique, pour l'humanité entière ou une partie de l'humanité.

Mais, de même que dans l'individu il peut y avoir la vocation publique *transitoire,* c'est-à-dire un choix que Dieu fait d'un individu pour lui servir d'instrument, seulement dans une chose spéciale, après laquelle il rentre dans la vie commune, et la vocation publique *permanente ;* ainsi, parmi les nations, il en est qui ont une vocation publique *transitoire* (par exemple les nations chargées de punir le peuple de Dieu, prévaricateur, les quatre grands empires préparant le monde à la venue de N.-S. J.-C., les Barbares, et aujourd'hui la Prusse, ce péché de l'Europe, chargée d'être le fléau de Dieu, un instrument de vengeance contre les peuples qui ont laissé ce reptile se glisser partout, au détriment de la Société et de l'Église) ; d'autres qui ont une vocation publique *permanente* , et sont chargées de remplir une mission continuelle dans l'humanité et vis-à-vis de l'Église ; par exemple le peuple de Dieu dans l'ancienne loi , et la nation française dans la nouvelle

Note 14. — Comme l'humanité est le but et la fin de l'Église ici-bas, il s'agit donc de savoir quelle a été la mission de ce peuple dans l'humanité. Et comme Dieu a promis le centuple à ceux qui le suivent, et la prospérité à ceux qui cherchent le royaume de Dieu et sa justice, il s'ensuit, par une *loi de la Providence*, que le peuple qui a une mission ou vocation *permanente* et non *transitoire*, a été comblé de prospérité, de gloire et de grandeur quand il a travaillé pour l'Église, et qu'au contraire il est tombé dans le malheur, la faiblesse et l'abaissement quand il s'est rendu coupable envers elle, parce que qui est contre l'Église est contre Dieu, et qui est contre Dieu est humilié.

Le seul souvenir de l'histoire de France depuis le commencement de ce siècle et surtout depuis le commencement de la guerre avec la Prusse, suffirait seul pour faire ouvrir les yeux à une nation, si elle n'était plus matérialiste et athée ou livrée entre des mains qui n'ont de liberté qu'autant que leur en permet Satan, par sa Franc-Maçonnerie et ses Sociétés secrètes.

Note 15. — Dans une nation, il faut distinguer le Pouvoir. c'est-à-dire le représentant de l'autorité, et la nation, c'est-à-dire les représentants de la Propriété, de la Famille et de la Religion, qui forment la société.

Le Pouvoir doit être considéré : 1° dans la législation et les institutions légales d'un peuple;

2° Dans la personne du Souverain, c'est-à-dire, dans les actes du Chef de l'État;

3° Dans les Ministres de l'autorité, la justice et le glaive, c'est-à-dire la Magistrature et l'Armée.

Par nation, il faut entendre toute la société, et dans la société il faut considérer : 1° ceux qui ont des convictions sociales, c'est-à-dire des convictions religieuses et politiques *vraies*, directement ou indirectement, par leur étude ou la confiance en celle des autres ; 2° ceux qui ont de fausses convictions ; 3° ceux qui n'en ont pas ; 4° ceux qui sont indifférents à telle ou telle conviction, mais qui veulent en avoir.

Maintenant si le pouvoir, les ministres de l'autorité et la nation *sont d'accord* pour ne plus reprendre la mission de la nation vis-à-vis de l'Église, c'est un signe que son infidélité lui a fait perdre et sa mission et sa vocation, et lui fera perdre son existence même, si elle n'a de raison d'être, comme la France, que comme instrument de Dieu vis-à-vis de l'humanité par l'Église.

Si le pouvoir et la nation sont en désaccord, c'est un signe que Dieu n'a pas enlevé cette mission. Alors c'est à l'un ou à l'autre de céder, de disparaître ou de se convertir ; car les ministres de l'autorité seront tôt ou tard *conduits par les événements et forcés d'être les instruments* de la Providence pour rétablir l'harmonie, par la chute et la conversion du coupable. Les événements de 1848 à 1872 jettent une grande lumière sur cette vérité.

Si la majorité de la nation, les hommes à vraies convictions sociales et le clergé sont attachés à la mission de la nation, et ne manquent pas tout le temps du combat ; ils finiront par amener les ministres de l'autorité et le pouvoir à reprendre tôt ou tard cette mission ou à disparaître, et cela en vertu de *la loi et du devoir*, pour le prêtre de prêcher la vérité, *de la loi de grâce* pour le fidèle d'embrasser cette vérité et de la soutenir dans la persécution même, de *la loi surnaturelle* qui fait que la mort des martyrs (de sang ou de patience chrétienne) se soutenant sans interruption, dans un peuple, et se soutenant par le clergé, finit toujours par remporter la victoire, quand le combat durerait trois siècles ; de *la loi providentielle* qui a statué que tout persécuteur termine toujours ses crimes sociaux par la chute et dans la honte.

Ainsi les deux éléments essentiels et indispensables de la victoire sont le clergé et les fidèles. Le premier dans sa création et son maintien dépend en partie de la société et des hommes, le second dépend du concours du prêtre et de la grâce qui ne fait jamais défaut.

Ainsi, pour avoir la situation d'un peuple par rapport à sa mission à une époque donnée, il faut considérer cette mission dans l'esprit de ce peuple : 1° à l'état latent, 2° à l'état de combat (controverse, oppression, persécution) où il n'y a plus forcément que deux classes, l'ami ou l'ennemi de la vérité.

Si l'immortel auteur des *Considérations sur la France*, si familiarisé avec ces divers calculs, voyait aujourd'hui la situation de l'Église, de la société universelle et de la France, son esprit prophétique aurait bientôt ramené l'espoir et la force dans notre pauvre nation.

Note 16. — La position et le régime qui *donnent* à l'homme toute sa force, la *maintiennent*, la *développent*, est le vrai régime qui convient à son tempérament. De même la forme de gouvernement qui *a donné* à un peuple, *maintenu, développé, gardé*, le bonheur, la prospérité, la puissance et la gloire, c'est le gouvernement propre à son caractère , sa mission, son tempérament ; parce que le bonheur, la prospérité, la puissance et la gloire *véritables* sont des dons de Dieu qu'il accorde à une nation, en *récompense* de l'accomplissement des devoirs de sa vocation, seule récompense d'une nation, parce qu'une nation comme nation ne peut en espérer pour la vie éternelle.

Note 17. — Si ce peuple a une mission publique et que vous supprimiez l'instrument de cette mission, c'est le mettre dans l'impossibilité de la remplir. Or, cet instrument, c'est sa forme de gouvernement.

Ne pouvant remplir sa mission, il n'a plus la même raison d'être ce qu'il a été dans l'humanité , par conséquent il n'aura tout au plus que l'existence des nations à vocation commune. Alors vous pouvez lui donner toute espèce de gouvernement.

Note 18. — *Mission de la France.* Depuis Clovis la mission de la France est attestée par l'histoire d'une manière éclatante.

Saint Rémy avait promis au premier roi chrétien des Francs, que son royaume vivrait jusqu'à la fin des siècles, que Dieu se l'était associé comme autrefois le peuple d'Israël, qu'il aurait à son égard la même conduite qu'il avait tenue vis-à-vis du peuple juif dans sa fidélité ou ses infidélités.

La suite de l'histoire de France jusqu'en 1872 fournit une preuve éclatante de cette prophétie.

Le peuple Franc a été destiné à être l'instrument de l'Église pour exécuter la volonté de Dieu. Le sort de la France et le sort de l'Église sont pour ainsi dire unis dans la prospérité et le malheur. Toutes les fois que la France a prévariqué contre l'Église, le châtiment a bientôt suivi par son abaissement, et son malheur est le triomphe de ses ennemis. Bien plus, chaque nouvelle infidélité ajoute bientôt une nouvelle punition, témoins les désastres du premier Empire pour ne pas remonter plus haut, et surtout ceux du second jusqu'en 1872. Quand, au contraire, la France a été fidèle à sa mission, elle a été comblée de prospérité , de gloire et de splendeur.

De même que l'Église catholique ne peut trouver de vrais amis dans aucune secte hérétique et les a toutes contre elles , ainsi la France n'a jamais pu et ne pourra jamais trouver d'alliance solide que dans les nations catholiques. Elle a toujours été un objet de haine, de rivalité et de jalousie pour toutes les nations ennemies de l'Église. Lorsque le catholicisme est florissant en France, il l'est également dans l'univers entier ; mais s'il y est en souffrance, la religion catholique souffre bientôt dans l'univers. Enfin, la France a toujours été punie en rapport direct de la faute qu'elle a commise vis-à-vis de l'Église.

Ces considérations, et une multitude d'autres, montrent clairement la mission de la France et son assimilation au peuple de Dieu, par conséquent tracent visiblement son *mode de gouvernement* pour *fixer* et *suivre* sa ligne de politique intérieure et de politique extérieure.

Comprenons maintenant pourquoi la papauté, dans tout le cours de son histoire , se montre si bienveillante et si prodigue d'éloges vis-à-vis la nation française. Comprenons pourquoi Pie IX a été le seul des souverains à faire entendre sa voix en faveur de notre malheureuse patrie, malgré son état de détresse et sa captivité ; comprenons pourquoi la France, malgré ses crimes sociaux, n'est pas encore remplacée par un autre peuple, et pourquoi, terrassée, comme le lion tombé par une blessure, elle inspire encore tant de crainte à son assassin tudesque et à toute sa bande de brigands intérieurs et extérieurs ; comprenons pourquoi Satan par tous ses bandits et pillards qu'il a lancés des antres de la Franc-Maçonnerie et des sociétés secrètes met tout en œuvre pour la dépouiller entièrement de son reste de catholicisme, et l'empêcher de reprendre sa foi et un vrai gouvernement qui seuls doivent et peuvent la guérir en lui rendant sa mission, sa législation et ses institutions catholiques avec la prospérité et la gloire.

Note 19. — La loi salique est ainsi nommée, parce qu'elle fut portée par les Francs Saliens , conquérants des Gaules, et perfectionnée par le Christianisme dès l'origine de la nation. C'est à cette loi que la France doit toute sa stabilité et sa grandeur. Ce n'est pas étonnant, cette loi salique est l'expression la plus pure de la loi

naturelle, elle est parfaitement conforme aux lois que Dieu a données à son peuple, aux institutions patriarcales et aux meilleures
traditions du genre humain, aussi on serait bien en peine d'indi-
quer son origine. Comme tout ce qui est parfait, elle remonte dans
la nuit des temps et elle était écrite dans les cœurs des Français,
bien avant qu'elle ne le fût dans leurs livres. C'est précisément ce
qui lui donne ce caractère de sainteté et de stabilité qui distingue
les lois véritablement fondamentales : elle renferme quatre articles
principaux.

1er ART. — Le pouvoir, en France, est dans les mains d'un roi,
et le gouvernement de la France est une royauté monarchique.

2e ART. — Cette royauté est héréditaire dans la famille choisie
d'abord par la nation.

3e ART. — Cette hérédité n'a lieu que de mâle en mâle, par
ordre de primogéniture, et à l'exclusion des femmes, parce que
la France est avant tout une nation guerrière. Or les femmes ne
pouvant pas porter les armes, ne peuvent pas représenter digne-
ment la France.

4e ART. — La nation doit être toujours représentée auprès du
roi par des assemblées nationales ou des états-généraux qui
garantissent sa liberté et empêchent les abus de la royauté, et
ce n'est qu'avec le concours de ces assemblées nationales ou de
ces états-généraux que le roi peut faire de nouvelles lois ou modi-
fier celles qui existent, et prendre les grandes mesures qui inté-
ressent la vie de la nation comme de régler les impôts et de faire
la guerre, d'après ce vieil adage : *Lex fit consensu populi et cons-
titutione regis;* — (La loi se fait en France avec le consentement
du peuple et la sanction du roi). Telle est l'essence de la loi salique,
loi fondamentale qui abrita le berceau de la France et qu'ont
acclamée, reconnue, consacrée pendant quatorze siècles, toutes
les générations représentées par nos grandes assemblées nationales, provinciales, communales, par tous nos grands hommes,
guerriers, magistrats, législateurs, écrivains, depuis Clovis jusqu'à
Louis XVI. (*Manuel du bon Français page 25.*)

NOTE 20. — Dieu qui veille sur la Société, sa créature, comme
sur son Eglise, ne peut l'avoir abandonnée à elle-même ; il a dû
lui donner, et il lui a donné une autorité modératrice chargée de

veiller sur ses intérêts et de sauvegarder les principes de son existence. Les armes pas plus que la force ne constituent une preuve
de justice. C'est pour cela que les nations chrétiennes, conduites
par le sentiment chrétien, appuyé sur la révélation et conséquence
directe de la constitution et de la mission de l'Eglise, avaient trouvé
à la lumière toute naturellement chrétienne des principes de vérité,
de justice et de droit, l'autorité modératrice des peuples, chez eux
et entre eux. L'Eglise, dans la personne de son Chef, vicaire de
Jésus-Christ, l'Eglise, expression des volontés de Dieu, était le
juge suprême entre le souverain et ses sujets, et des souverains
entre eux.

L'instrument d'équilibre de la politique intérieure et de la politique extérieure était trouvé. La révolution était inconnue dans
les Etats. L'autorité était respectée, et les sujets d'un souverain
avaient un défenseur intrépide contre la tyrannie.

Les traités de paix n'étaient pas des chiffons de papier écrits ou
effacés à volonté, en vertu de la raison du plus fort ; mais ils
avaient une garantie de stabilité, la sanction de Dieu même, par
l'organe du dépositaire, du gardien et de l'interprète des principes
de la vérité, de la justice et du droit.

Cet équilibre fut brisé en 1648 par le traité de Wesphalie.
L'Eglise après mille efforts pour signaler et conjurer les dangers
dans lesquels se jetaient aveuglément les souverains et les peuples,
consentit à retirer le secours de ses lumières et de sa force, et
d'abandonner peuples et souverains à leur propre sagesse, sans rien
définir, se réservant d'intervenir quand les uns et les autres à
bout de force, et sur le bord du tombeau, voudraient reprendre
la vie.

Dès ce moment, l'équilibre de la politique extérieure fut brisé.
La France qui était la grande coupable sera la première à se repen-
tir et à subir les tristes effets de sa faute.

L'équilibre de la politique intérieure existait encore au moins
de nom ; mais il devait avoir le sort de celui de la politique
extérieure ; c'en était une conséquence. La Déclaration de 1682
livrait les peuples et les souverains à la merci du droit de la force,
puisque la société civile ne reconnaissait aucune autorité supérieure
à la sienne, qu'elle *séparait* la Religion de l'Etat, ou qu'elle n'ac-

ceptait la Religion que comme *servante* de l'Etat, par conséquent rejetait visiblement l'autorité suprême et infaillible de l'Eglise.

Le grand crime social était consommé, il ne restait plus aux peuples et aux rois qu'à recueillir le fruit infaillible de leur œuvre. Pendant plus de deux siècles, l'Europe subira tour-à-tour un ouragan de fer et de feu, de mensonges et de calomnies, de perversité et d'astuce, de honte et d'ignominie, de brutalité et de force, d'oppression et de misère, de ruine et de mort. Au milieu de tout ces décombres, l'Eglise tentera, mais inutilement, de tendre sa main divine à tous ces débris vivants, et de les relever. Ils la refuseront jusqu'à ce que enfin, illuminés par la lueur sinistre, pleine de fumée et de feu, d'agitation et d'épouvante, qui jaillit du trône de la Révolution et lance de toute part la confusion, les ténèbres, l'horreur, la terreur et la mort, peuples et rois reconnaissent ensemble la fraude et la rouerie de toutes les vaines promesses que la Révolution avait faites, et qui n'ont jamais été et ne peuvent être en son pouvoir de donner, peuples et rois retournent enfin avec l'Eglise au champ de la paix, de la prospérité et de la gloire.

L'équilibre politique était autrefois sous la protection de Dieu et sous la direction de l'Eglise, esprit de vérité, de liberté et de charité. Depuis 1648 il est tombé sous l'empire de Satan, ennemi de la nature humaine, et sous l'impulsion de la Révolution, sa fille aînée, dont l'esprit est essentiellement caprice de mensonge, de tyrannie, de discorde et de mort.

Dans la politique intérieure, l'autorité modératrice de l'Eglise a été remplacée par la Révolution ; et dans la politique extérieure, à l'arbitrage de la Papauté a été substituée la force. Aussi depuis ce temps les diplomates sont-ils obligés d'inventer continuellement de nouveaux mots, de forger de nouvelles expressions, pour cacher l'erreur, l'injustice et la tyrannie de leurs mesures politiques, tant à l'intérieur qu'à l'extérieur, et pour donner cours à leurs fraudes, sans quoi la nature humaine expérimentée et édifiée antérieurement, se refuserait de les suivre.

Le rapprochement des dates et des faits est significatif dans l'histoire de l'Eglise ; c'est une des sources où l'on peut et où l'on doit étudier le gouvernement de la Providence. En vertu de la liberté que Dieu a donné à l'homme et qu'il laisse également aux peuples ; comme aussi en vertu de sa bonté et de sa justice qui ne peuvent jamais permettre que *définitivement le mal triomphe*, et que la vérité et le bien soient dépassés par l'erreur et le mal ; lorsque Dieu voit qu'un peuple s'obstine à rejeter les sentiers de la justice, il l'abandonne à lui-même. Alors ce peuple fera la volonté de Dieu ; il lui servira d'instrument, pour faire *éclater sa justice ;* et malgré lui, et tout en parcourant le cercle de l'erreur et du mal, ce peuple arrivera à fournir une preuve éclatante de la vérité, à être pour lui-même et les autres, la raison de retourner à la vérité.

C'est ainsi que dans la grande Révolution la Royauté, avec ceux qui partageaient avec elle les succès du Pouvoir (la Noblesse et le Clergé), a été justement châtiée, et que le peuple en France tout en étant l'instrument de la justice divine a été lui-même son châtiment et son bourreau.

Pour la politique extérieure, l'erreur a parcouru bien des étapes avant de se trouver acculée comme aujourd'hui , et chacune de ces étapes a été un châtiment spécial pour la France.

Partant du protestantisme, la première étape a été le projet de Sully qui eut l'ingénieuse idée protestante d'établir l'équilibre européen sur les *congrès* par la disparition de l'autorité de l'Eglise ; crime qui se commit au traité de Wesphalie.

En 1648, le Pouvoir est immédiatement divin , irresponsable, sans juge suprême ; en 1848, ce même Pouvoir n'est que le serviteur, le subordonné et le mandataire révocable du peuple.

De 1770 à 1772 la France laissa commettre le crime du partage de la Pologne, par raison d'*équilibre* européen et pour la tranquillité des peuples. — En 1870, on démembre la France par les mêmes raisons. C'est au partage de la Pologne que l'on constate la première application du moderne principe d'équilibre européen, c'est-à-dire la raison de la force, du *consentement* et par la *volonté des souverains* et la *faute de la France.*

1815 nous apprend moins la juste chute d'un tyran que l'abaissement du Catholicisme et le triomphe du nouveau principe, qui remplaçait l'autorité de l'Eglise dans son arbitrage. Le Schisme, le Protestantisme et l'Anglicanisme disposent d'une nation en raison de cet équilibre et de leur intérêt, et contre le gré et presque sans le concours du Catholicisme.

De 1860 à 1866 divers trônes croulent en Europe, d'après les mêmes principes et la complicité de la France , et ces écroulements et ces décombres s'accumulent contre la France.

Enfin, 1870 voit le crime social complet par le renversement du Pouvoir temporel de la Papauté, toujours d'après les mêmes principes, par les mêmes raisons, d'après le même consentement des souverains et la culpabilité de la France, encore plus qu'au partage de la Pologne en 1772, et la France, en ce même moment, après mille efforts ne peut parvenir qu'au faîte de l'ignominie, à l'abandon complet des souverains et des peuples, à qui son état n'inspire que risée, joie, méfiance et haine.

A la lueur de nos grands incendies, conséquence de nos grands crimes sociaux, nous devons retirer plusieurs leçons pour la politique extérieure de la France et l'équilibre européen.

A toutes les grandes époques de l'histoire moderne et contemporaine, nous avons vu trois instruments ou trois grands corps en jeu : l'Eglise, la France et le reste des puissances.

L'Eglise montre la voie à suivre et fait tous ses efforts pour engager les puissances à accepter le salut ;

Les puissances autres que la France, refusent d'entrer dans la voie de Dieu et s'y montrent toutes contraires ;

Enfin, la France *glorifiée ou châtiée,* selon qu'elle suit la voix de l'Eglise, c'est-à-dire accomplit sa mission, ou, selon qu'elle marche à la remorque des autres puissances, c'est-à-dire contre sa vocation.

Tel est le tableau que nous retrace chacune des grandes époques ou des grands faits de l'histoire. Et s'il ne pouvait en être autrement, il faut en conclure, que le sort de la France est intimement lié à celui de l'Eglise catholique. Enfin, si nous devons tirer des conséquences de cette conduite de la Providence vis-à-vis de la nation française :

1° C'est que l'équilibre européen hors de la base qu'il avait avant le crime de 1648, est tout-à-fait contraire à la mission et aux intérêts de la France ;

2° C'est que la France a été châtiée et punie en toute justice pour sa coopération et sa participation à chacun de ces crimes, dont les effets retombent infailliblement sur elle ;

3° C'est que l'Anglicanisme, le Protestantisme et le Moscowisme ont tout intérêt à maintenir, puisque tout le profit est directement ou indirectement pour eux, les principes d'équilibre européen actuel et que le Catholicisme n'a qu'à y perdre, par conséquent la France, en représentante nationale dans l'humanité ;

4° C'est que le sort de la France est entièrement lié à la fidélité ou à l'infidélité qu'elle tient vis-à-vis de l'Église ;

5° C'est que la France marchant contre sa mission avec les ennemis du Catholicisme, travaillant dans leur intérêt et s'attirant des châtiments, ne peut avoir d'alliance solidaire et stable avec ces mêmes ennemis du Catholicisme ;

6° C'est que *hors de cet équilibre vrai de l'arbitrage de l'Eglise et sa mission*, la France ne peut avoir de ligne de politique sûre, définie, mais seulement des expédients ;

7° C'est que tous les souverains de la France par leur politique contraire à sa mission n'ont abouti, en définitive, après bien des efforts, qu'à atteindre à leur chûte et à des abaissements pour la France.

Telles sont les leçons que nous fournit l'équilibre actuel par la politique extérieure. Celles que nous recevons de ce même maître ne sont pas moins concluantes pour la politique intérieure. En parcourant toutes les étapes depuis 1682 jusqu'à la Commune de 1871, nous trouvons que la Révolution adoptant la politique de Satan, l'ennemi de la nature humaine, a été d'une logique irréfragable dans ses résultats. La dernière étape n'est pas encore atteinte. Elle y viendrait, bon gré mal gré ce tas de conservateurs à principes et à esprit révolutionnaires, si la France continuait de les garder. Mais avant, pour l'instruction du public, il faut lui signaler les étapes qui lui restent encore à faire : 1° L'instruction obligatoire de M. Jules Simon ; 2° la séparation de l'Eglise et de l'Etat au point de vue légal ; 3° cette séparation au point de vue de la pratique par la suppression et le vol du budget des cultes ; 4° cette séparation par l'oppression et la tyrannie ; 5° la séparation de la France en Provinces républicaines ; 6° la guerre entre ces Provinces républicaines ; 7° enfin, le terme poursuivi avec tant d'acharnement, le sort de la Pologne.

Telles sont les leçons que nous donne la Providence pour la réforme de notre politique intérieure et de notre politique extérieure. Celles que nous recueillons de la politique générale de la

France, c'est-à-dire de l'accord qui doit exister entre la politique intérieure et extérieure, ne sont pas moins saisissantes.

Pour la politique intérieure, en effet, on voit en France, depuis ces époques, surtout depuis 1789, les Pouvoirs développant de plus en plus, d'un côté, les *principes de la Révolution* dans le peuple, en sapant les bases de la Société, la Religion, la Famille et la Propriété ; de l'autre, on voit ces mêmes Pouvoirs multiplier leurs fraudes et leur esprit pour constituer les principes de leur monarchie propre à eux-mêmes. Mais comme ces principes de Révolution et de Monarchie sont essentiellement opposés et s'excluent mutuellement, car la Monarchie constitutionnelle et libérale de la Restauration et des gouvernements qui l'ont suivie, n'est qu'un raffinement de la Révolution, il faut que les uns ou les autres succombent. Par la logique ça a toujours été la Monarchie.

Pour la politique extérieure, les Pouvoirs ont eu pour *moteur* l'intérêt propre de leur monarchie et non celui de la France et de sa mission, et pour *mécanisme,* la Révolution, c'est-à-dire l'intérêt des particuliers et non celui de la nation française. Mais comme ce mécanisme, la Révolution, qu'ils employaient vis-à-vis des autres nations essentiellement conservatrices (pour les révolutionner à leur tour), ne pouvait s'accommoder avec les principes monarchiques du Pouvoir, ni avec les principes des autres nations, il s'ensuivait, nécessairement, que ce mécanisme, la diplomatie révolutionnaire, ne pouvait s'adopter avec aucun moteur politique, d'où des froissements qui nécessitaient tant de changements et toujours au détriment de la France.

Or, la politique intérieure et extérieure étant non-seulement en désunion, mais encore en opposition formelle et en exclusion radicale et mutuelle, il est impossible à un peuple d'avoir une politique, ce qui constitue sa vie propre, et de ne pas être soumis périodiquement aux révolutions.

De plus, la mission de la France, sa vocation d'instrument de l'Eglise, étant ce qui constitue le moteur de sa politique générale, d'un autre côté la politique intérieure n'étant que la base de la politique extérieure, son mécanisme*, et la politique intérieure

---

* L'auteur prépare la publication d'une étude sur la politique de la France, sa politique générale, sa politique intérieure et sa politique extérieure et sur ce qui en compose le moteur et le mécanisme, afin de mieux faire sentir ce que doit être sa constitution, son organisation et son administration.

ayant pour moteur et mécanisme la base de la société, c'est-à-dire, la Religion, la Famille et la Propriété , nous ne craignons pas de dire que, tant que la France ne sera pas rétablie sur sa véritable base à l'intérieur, dans l'intérêt de la nation entière, du pouvoir et des sujets, elle ne pourra jamais avoir ni politique extérieure, ni politique générale ; mais elle ne fera que se disloquer de plus en plus, se briser et mourir.

Note 20 *bis*. — L'autorité de juge, par rapport à un contrat, ne se prononce qu'autant que les contractants ont *recours à elle*. Or, depuis la triste épreuve du XVIIe siècle, ni souverain ni peuple n'ont eu recours à l'autorité de l'Église (ce qui n'empêche pas qu'elle ne soit l'autorité de droit). Elle ne peut donc intervenir dans leurs querelles de ménage, puisqu'ils veulent vider ensemble leur conflit. Il faudrait donc d'abord reconnaître le juge, puis s'en rapporter à lui, deux choses qui n'existent pas, et qui défendent à l'Église d'intervenir comme juge suprême ou comme juge d'arbitrage.

Note 21. — Le catholicisme respecte l'autorité constituée, mais tout en ordonnant l'obéissance, il commande de défendre toujours les principes de la vérité , de la justice et du droit , contre toute puissance, et au prix du martyre. Mais dans cette défense, sa seule arme c'est celle de la vérité, par conséquent la discussion et la publication de la vérité.

Note 22. — Toutes les fois que l'autorité de Dieu dans une nation , c'est-à-dire les principes constitutifs de la société et ceux de la nation sont foulés aux pieds, Dieu lui-même se charge d'en tirer une vengeance en rapport avec la *nature et la grandeur du délit,* et le *sujet coupable.* Sans remonter plus haut, il est facile de constater clairement, depuis 1648 à 1872 en France, cette loi de répresailles divines.

Note 23. — Ou la nation avait une forme de gouvernement établie ou non. Dans le dernier cas elle est libre de choisir celle qu'elle veut. Mais si sa forme de gouvernement était établie *légitimement* sur sa mission, la nation n'a le droit et la liberté de changer cette forme de gouvernement qu'autant qu'un homme a le droit et la liberté de pécher, de commettre le mal et de se donner la mort. Dans la vacance du pouvoir , la nation doit donc *immédiatement* par tous les représentants de l'autorité, ou *média-*

tement par ses délégués, comme dépositaires de l'autorité, constituer le pouvoir, c'est sa seule mission. Le pouvoir étant constitué, c'est alors seulement qu'elle peut organiser, d'accord avec lui, tout ce qui est dans l'intérêt du pays.

Agir contrairement, en fait c'est aller contre l'expérience qui prouve qu'on n'est jamais arrivé à un résultat vrai et stable. C'est faire du provisoire pour du provisoire ; car tout dépend absolument de la forme de gouvernement pour constituer la législation et les institutions du pays, et l'œuvre ne peut exister avant le modèle, pas plus que le modèle avant la fin. En attendant que le pouvoir soit constitué, elle ne peut que régler les besoins nécessaires du pays.

Note 24. — L'existence et la condition de la société d'un peuple sont assujetties à des lois fixes, comme celles de la famille. De même que si vous enlevez à la famille, sans cause juste et légale, son vrai chef, le soutien de sa position sociale, le père, et si vous lui en substituez un autre, vous les atteignez tous les deux à la fois (père et famille), vous leur ravissez leur bien, vous faites une usurpation ; ainsi si vous ôtez à une nation son chef légitime pour lui en substituer un autre, sans cause juste et légale, vous lui ravissez son bien, vous faites une usurpation pour son abaissement et son malheur.

Note 25. — Comme le peuple est l'origine et le premier dépositaire de l'autorité, s'il consent à la laisser entre les mains de celui qui a usurpé le pouvoir, celui-ci la possède alors *validement*, parce que le détenteur d'une chose consentie n'est pas censé voleur.

Note 26. — L'usurpation ne peut constituer un titre à l'hérédité qu'autant que le peuple y consente, et le peuple ne peut y consentir qu'autant que les principes de vérité, de justice et de droit ne seront pas violés ; or, les principes exigent d'abord la révision du contrat formulé déjà avec les prédécesseurs de l'usurpateur avant d'en faire un nouveau ; et si le premier contrat est valide, il faut *l'abandon formel* du possesseur du titre, avant de passer à un second.

L'effet direct du premier pacte peut être suspendu même par une usurpation validée ou une possession légitime du pouvoir, mais jamais il ne peut être brisé, si ce n'est validement et avec toutes les conditions nécessaires ; il n'est donc pas rompu. Et il le serait, si celui qui a le pouvoir pouvait établir l'hérédité dans sa race.

L'histoire en donne une preuve visible, éclatante pour la France : d'un côté, l'héritier direct toujours providentiellement conservé et réservé par Dieu jusqu'au moment où la France rentrera dans le devoir ; de l'autre, un pouvoir puissant, souverain, n'ayant rien à craindre, et tombant juste au moment où il prend les précautions que lui suggère sa sagesse pour assurer l'hérédité du trône dans sa race. Voilà un double argument positif et négatif contre lequel l'aveuglement et la passion ne peuvent rien objecter, contre cette base fondamentale du pouvoir en France. Il suffit de savoir lire 1815, 1848 et 1869.

Note 27. — Tout titre de revendication ou de legs suppose la possession légitime.

Or, la possession légitime ne peut être contre le gré de son origine, de son premier dépositaire et son canal nécessaire, la nation.

Note 27 *bis*. — Le Pouvoir est cette force vitale qui n'est que la résultante de toutes les forces partielles de l'autorité, forces déposées dans la nation par ceux qui en sont les dépositaires. Et comme l'idée de société renferme nécessairement celle d'association, celle d'association celle d'un lien, il est donc de toute nécessité qu'un pouvoir existe ; c'est de l'essence de la société, telle que Dieu l'a faite : en sorte que l'idée et l'existence de pouvoir sont inhérentes à celles d'idée et d'existence de société.

Note 28. — L'autorité supposée est celle qui s'appuie sur un faux titre, par exemple, celle de la Commune à Paris vis-à-vis de l'Assemblée de Versailles.

Le pouvoir est juste dans son action quand il gouverne selon les principes et pour le bien et la mission de la nation ; en un mot, quand sa politique intérieure et sa politique extérieure sont selon la vérité, la justice et le droit de la nation.

Note 29. — *Directement :* — par ce mot, il faut entendre toute action, toute mesure qui ne peut, dans l'esprit de toute la nation et sans pouvoir lui donner aucune interprétation favorable, qu'amener inévitablement la ruine de la société et de la nation.

Force. — Jamais l'*assassinat* n'est permis. Par *force* on entend *à main armée* et d'après les lois et les droits légitimes de la guerre.

Compétente. — L'autorité compétente se prononce *directement* et sans appel quand c'est le Pape, avec appel quand c'est l'épiscopat d'une nation ; *indirectement* cette déclaration a lieu quand clairement la Constitution est violée ; que les intéressés le sentent, l'interprètent de la sorte ; que les doctes l'avouent et le publient, et que la conscience humaine guidée par les principes éternels de vérité, de justice et de droit, le ratifie.

Note 30. — Dès lors que la nation immédiatement par elle-même et médiatement par ses représentants légitimes (représentants de la religion, de la famille et de la propriété) accepte et veut ces mesures, ce n'est plus contre sa volonté que le pouvoir agit, parce qu'elle n'est pas censée se vouloir blesser et donner la mort, mais au contraire se rendre plus forte et développer sa vie ; sa faute est donc matérielle.

D'un autre côté, elle commet une faute de bonne foi, à cause de l'ignorance où elle se trouve, ou parce que la vérité, la justice et le droit, quoique bien connus dans leurs principes, ne sont pas *nettement définis dans leurs conséquences* par rapport aux choses en question, ou parce que ces conséquences sont encore à l'état d'opinion et de controverse, l'autorité suprême n'ayant pas défini (et surtout parce que le pouvoir et la nation n'ont pas pour eux l'expérience qui les empêcherait et leur en ferait un devoir de prendre ces mesures).

Ce n'est que d'après ces principes que l'on puisse et que l'on doive expliquer la double faute immense de 1648 et de 1682, qui supprimait la base de l'autorité entre le souverain et la nation, tant pour la politique intérieure que pour la politique extérieure. Car jamais le clergé, la noblesse, le peuple n'auraient accepté ces principes en France s'ils avaient eu, avant eux, l'expérience de 1648 à 1872, et jamais les souverains et les peuples de l'Europe n'auraient consenti, même pour satisfaire leurs passions et leurs intérêts, à substituer au juge véritable et suprême celui de la Révolution, parce que les principes de vérité, de justice et de droit, les seuls guides de ce juge, sont aussi bien en faveur d'un prince et d'une nation protestante, hérétique, schismatique et païenne qu'en faveur du catholicisme. Car s'il y a eu des actes injustes du pouvoir (matériellement injustes et non formellement), vis-à-vis des bases de la société et de la nation françaises, certainement ce sont ceux de 1648 et de 1682.

Note 31. — Le pacte n'a pu être brisé par une action injuste du pouvoir. L'action eut été injuste autant que la nation l'eut trouvé telle (voir note 30). Or, le pouvoir était suivi, soutenu, encouragé par le clergé, la noblesse et le peuple de France. La France tout entière était coupable, toute entière elle sera punie. Et la royauté, et le clergé, et la noblesse qui avaient commis la faute, ce sont eux qui en supporteront nécessairement et légitimement les premières conséquences, en vertu de la loi de justice de Dieu vis-à-vis le peuple, qui veut que le coupable soit puni, et par la manière dont il a péché. Mais enfin tout cela ne prouve qu'une chose, que le pouvoir était d'accord avec les représentants légitimes des principes constituants de la nation, avec la nation elle-même, par conséquent que le pouvoir inconscient n'a pas marché contre le gré de la nation, inconsciente elle-même de ses intérêts.

La nation et le souverain n'ont pas non plus brisé le pacte d'un commun accord. En effet, il faut considérer la nation dans la libre expression de sa volonté dans sa totalité morale, et non sous la pression d'une faction quelconque ou d'une immense minorité. Or, que nous enseigne l'histoire? Quand un monde nouveau a voulu s'élever contre les abus de l'ancien, Louis XVI, consultant la nation toute entière sur les principes de la Constitution sociale, obtint de 44,000 communes assemblées, après trois mois de délibération libre, cette réponse immortelle : Les cahiers reconnaissent les droits de la dynastie de saint Louis et de Henri IV, à côté des droits primitifs de la nation. C'est ainsi que la France, encore libre de la pression révolutionnaire, voulut consacrer de nouveau la consécration des siècles (Véron). D'un autre côté, la royauté ne l'a pas brisé, ni avant ni après Louis XVI, pas plus que la nation.

La Restauration n'a pas rompu ce pacte. En venant en France et en s'en allant, elle l'a laissé intact dans son essence et sa base,

Mais, pour le malheur de ce gouvernement comme de ceux qui l'ont suivi et le suivront jusqu'à ce que la justice ait repris ses droits , la Restauration n'a pas assis le *pouvoir* ni le *gouvernement* sur sa véritable base ; elle n'a rien fait pour cela. Que ce fut par impossibilité, comme quelques-uns le veulent, ce qui est tout contraire à la vérité de la situation, ou par ignorance, par négligence, la Restauration est tombée. C'était selon *les lois de la Providence et de toute justice*. Elle s'était abstenue de répandre, de reconnaître, d'appliquer les vrais principes de la société, c'est-à-dire d'appuyer le pouvoir et le gouvernement , sur son assise naturelle, la Religion, la Famille, la Propriété. Elle avait pris pour principe et pour fin le gouvernement révolutionnaire et centralisateur , et pour moyen le mode antérieur à 89. Il n'y avait plus d'harmonie, mais opposition et contradiction entre le principe , le moyen et la fin. De toute nécessité , les rouages devaient se briser. Elle portera la peine de cette faute ; mais l'exil ne brisera pas le pacte, car là encore elle sera suivie, accompagnée de la nation.

De son côté la nation pas plus que Louis XVI n'a regardé ce pacte comme rompu puisqu'elle ne demande qu'à reprendre sa mission, et que sa mission est attachée à l'exécution du pacte — les moyens pour la fin.

De même qu'il est défendu d'attenter à la vie d'un homme, d'une famille, d'une société, il est par là même défendu d'attenter à ce qui en est essentiellement le support, le soutien. Or, le pouvoir est la condition vitale d'un peuple. C'est pour cela que le catholicisme défend d'un côté d'attenter au pouvoir par la violence et, de l'autre , ordonne de lui obéir dans les choses justes et légitimes.

Note 32. — Le droit de remplir un devoir accepté librement et méritoire pour le ciel et la terre, en vertu d'un contrat légal, existe toujours tant que le contrat n'est pas rompu. Ce contrat ne peut être rompu et conserve toute sa valeur aux yeux de Dieu, tant que l'autorité compétente n'a pas prononcé *l'invalidité* ou ne l'a pas *annulé* en vertu de *l'impossibilité* absolue d'exécution , ou que celui qui a accepté ce devoir librement, n'a pas fait une *abdication valide* de son droit.

Note 33. — La royauté ou l'exercice du pouvoir est un devoir contracté vis-à-vis de la nation. Mais comme ce devoir est imposé *indirectement* à l'homme en vertu d'un pacte fait par ses ancêtres avec la nation et ne peut l'obliger *directement* qu'autant qu'il se sent capable de l'accomplir, il s'ensuit qu'il peut s'en décharger, c'est-à-dire faire une abdication. Et comme il ne peut être juge lui-même et tout seul dans une cause où il représente Dieu et qui ne le regarde pas personnellement, il faut le concours des parties intéressées ; il est nécessaire que la religion représentant de Dieu parmi les hommes et le *peuple* acceptent cette abdication, pour qn'elle soit valide, s'il est dans *l'exercice* du pouvoir ou si *l'exercice* du pouvoir dépend uniquement de sa volonté.

NOTE 34. — Chaque fois qu'on est dans la possibilité de remplir un devoir, c'est une obligation de se mettre dans les conditions essentielles pour pouvoir le remplir. Or la première condition pour le prétendant légitime est de rappeler vis-à-vis de la nation son devoir, parce que ce devoir il ne peut l'accomplir seul, mais seulement avec son concours, et que la nation ne peut fournir son concours qu'autant qu'elle y est engagée actuellement.

NOTE 35. — Comme le prétendant légitime n'est pas en exercice du pouvoir, qu'il peut faire une abdication valide de son droit et d'exercer son devoir, et qu'il ne peut remplir son devoir qu'avec le concours de la nation, par là-même donc qu'il ne réclame pas ce droit de remplir son devoir vis-à-vis de la nation, son concours nécessaire et indispensable, il est censé en faire une abdication.

NOTE 36. — Si ce pacte avait cessé d'exister, ce serait en vertu d'une décision de l'autorité compétente, ou parce qu'un souverain aurait agi directement contre le bien de la nation et sa mission, ou parce que le souverain et la nation auraient d'un commun accord brisé le pacte, ou parce que le pacte est devenu d'une impossibilité absolue d'exécution, ou parce qu'il n'y a pas d'héritier direct de la maison de Bourbon, ou enfin parce que cet héritier a fait abdication du droit de son devoir, ou parce que c'est un fait accompli et qu'il y a prescription.

Or sous aucun de ces rapports le pacte n'a été rompu au point de vue des principes de la vérité, de la justice et du droit, démontrés et confirmés par l'histoire.

Il n'y a pas eu de décision de l'autorité compétente, ni directement par le Saint-Siège, ni indirectement par l'épiscopat, le clergé ou les gens doctes de la nation sur la matière. L'Eglise s'est retirée sans porter de jugement doctrinal et définitif (Voir note 20). Et si l'Eglise avait voulu définir quelque chose, c'eût été surtout dans le moment où voyant ses droits mis de côté et les malheurs qui devaient nécessairement fondre sur la nation française, elle eût rappelé à la famille régnante des Bourbons qu'elle perdait tout droit, par là même qu'elle écartait de la politique intérieure et de la politique extérieure de la France la base même non-seulement de la mission de la France, mais celle de toute société chrétienne, l'Eglise. Le pacte n'est pas devenu impossible d'exécution ; car s'il y a quelque chose à s'y opposer, ce n'est que la Révolution.

Si par Révolution, vous entendez ce tourbillon qui roule sans cesse sur le monde, s'acharnant contre l'autorité, pour la seule raison de renverser le pouvoir existant et d'en mettre un autre à sa place, et dans le seul but (jamais avoué) de détruire plus facilement la mission de la France, de son abaissement, de l'anéantissement progressif des principes constitutifs de la Religion, de la Famille et de la Propriété ; oui, elle s'y oppose, et s'y opposera jusqu'à ce que l'instrument de Dieu ne l'écrase sous son talon, ce qui arrivera infailliblement un peu plus tôt, un peu plus tard. Mais si par Révolution vous entendez les aspirations légitimes de la nation, la volonté d'être gouvernée d'après les règles et les bases de la vérité, de la justice et du droit, découlant logiquement et naturellement de la situation actuelle des représentants de la base de la société (de la religion, de la famille et de la propriété), de rendre à chacun ce qui lui est dû, et sans acception de personnes, de parti, de caste nobiliaire (purement nominale aujourd'hui), alors c'est justement ce que réclame ce pacte primordial. Or, la nation le voulant, le pacte l'ordonnant et l'enseignant, donc il est devenu très-facile d'exécution.

D'un autre côté, il existe un héritier et aujourd'hui, dans un langage ferme et noble il déclare qu'il n'abdiquera jamais son devoir.

Si le fait accompli de la rupture forcée et transitoire de ce pacte pouvait valoir quelque chose, il ne vaudrait pas plus que le droit du voleur sur la chose volée qu'il détient injustement, que l'honnêteté d'un acte essentiellement déshonnête, que la justice d'un acte essentiellement injuste, que la vérité d'une chose essentiellement fausse, que le droit de l'assassin sur la vie de sa victime, que le droit et la justice qu'aurait le forçat de sortir des galères et d'y mettre à sa place les juges qui l'y ont condamné. Fait accompli, ne signifie rien autre chose que *fleur des malhonnêtetés* pour le droit de la chose, et *taré d'élite* pour celui qui invoque l'appui de ce droit *.

On ne saurait invoquer le droit de prescription pour récuser ce pacte. Si ce pacte repose sur des *principes constitutifs* et seuls organes vitaux de la France, alors la prescription ne peut avoir lieu. Or, ce pacte est tellement l'élément constitutif de la France en droit, qu'en fait depuis 89 la France ne peut que décroître en proie aux convulsions. De plus, qui réclame la prescription ? La Révolution seule et non la nation comme nous le disions plus haut ; or, la Révolution a toujours été plus allemande et cosmopolite que française. Bien plus, comme la mission de la France est d'être l'instrument de l'Eglise et que la Révolution n'a qu'un but, le renversement de l'Eglise, il s'ensuit que nécessairement la France a toujours été atteinte la première par la Révolution. Enfin, si une juste et légitime réclamation empêche la prescription, nous ne voyons pas comment on pourrait arriver à former un droit au rejet de ce pacte par la prescription. Donc ce pacte conserve toute sa vigueur de droit, puisqu'on ne peut alléguer aucun titre contre lui.

Note 37. — Nous avons déjà vu que la France avait sa mission toute tracée dans l'histoire. Qui plus est, sans cette mission, elle n'a aucune raison d'existence. Or, aujourd'hui, cette mission de la France, Dieu ne la lui a pas encore été retirée et à l'horizon, aucune nation n'apparaît pour remplir le rôle de la France vis-à-vis de l'Eglise, de l'Europe et de l'humanité. D'un autre côté la Providence lui a préparé les voies chez elle et hors de chez elle pour rentrer du premier coup dans son rôle universel, par conséquent

---

* Cette prétention du fait accompli de s'ériger en droit, dénote un terrible affaissement moral de la société d'abord, puis une pratique constante de l'autorité, qui sous l'incroyable prétexte de ne pouvoir se déjuger, ne rend pas justice à qui de droit ; comme si la vérité, la justice et le droit, n'avaient pas en tout temps le devoir de s'affirmer. Sans cette pratique injuste, jamais l'idée du fait accompli n'eût pu envahir les masses. Mais le mal est universel en haut comme en bas dans l'autorité partout où elle est personnifiée et représentée,

c'est à la France de ne pas rester sourde à cet appel bienveillant de la Providence, de ne pas forcer Dieu à se choisir un autre peuple.

Et la France dans sa mission! Et la France constituée pour remplir sa mission ! Oh! sans crainte d'aucun démenti, nous disons qu'aucune nation ne saurait lui résister. La France attelée au char de l'Eglise ; l'Eglise devant nécessairement de par Dieu avoir raison de ses ennemis ; jamais, non jamais, nos ennemis séparés ou coalisés, n'auraient le dernier mot de la lutte et la victoire, enfin séchant ses larmes, rentrerait triomphante et joyeuse sous la tente de ses vieux Francs, d'où elle avait été chassée avec tant de peine, et élevant sa bannière et faisant retentir et résonner le monde de l'écho de son cri de guerre : *Quis ut Deus! Si Deus pro nobis quis contra nos ?* les nations étonnées et soumises se prosterneraient à ses pieds pour confesser que l'Eglise de J.-C. est vraiment la fille de Dieu et que la nation des Francs est vraiment la fille aînée de l'Eglise.

NOTE 38. — Si l'Assemblée possède le pouvoir, elle ne relève que d'elle-même, par conséquent aucune autorité ne peut prononcer sa dissolution, même pas la nation, puisqu'elle en est la représentation. Car le pouvoir n'étant pas constitué, la nation n'a d'autorité que pour le constituer. Ne l'ayant pas fait et ne pouvant le faire directement, il ne lui reste qu'un moyen, celui d'une assemblée. Donc à partir de ce moment, la nation n'a plus de droit, car elle affirmerait dans le même acte qu'elle délègue et ne délègue pas, ce qui est contradictoire.

De plus l'Assemblée elle-même n'a pas le droit de prononcer sa dissolution. Car elle est dépositaire de l'autorité à elle déléguée par la nation pour constituer le pouvoir. Les députés ont accepté en connaissance de cause ce grand devoir. Ils sont donc la nation comme représentant son autorité ; or, la nation ne peut vivre sans pouvoir constitué, ni les moyens légitimes de le constituer. Et si l'Assemblée, qui est la nation, voulait prononcer sa dissolution avant la constitution définitive du pouvoir, ce serait la même chose que si la nation venait à dire qu'elle peut vivre sans pouvoir constitué ou qu'elle n'a pas les moyens de le faire, ce qui est une injure à Dieu et un contre-bon-sens.

NOTE 39. — L'honneur, l'honnêteté, la justice, la conscience exigent gravement de la part d'un contractant l'exécution des clauses du contrat. Ce grave contrat existe entre le député et la nation, c'est donc un devoir, un devoir grave et rigoureux pour lui d'en remplir les clauses.

Note 40. — Toute république qui surgit par l'entremise de quelques factieux mécontents, ambitieux, sans le concours de la nation entière, quand même il y aurait le consentement et le concours de la capitale, n'est pas la république de la nation, mais uniquement le perchoir de quelques escamoteurs de pouvoir. Quand cette république *s'affirme* par des faits, des doctrines, des tendances antinationales et subversives de tout ordre, de toute société en général, *s'impose* à la nation par la loi de la force et ne lui *communique* qu'appréhensions, craintes, faiblesse, souffrance, engourdissement ; quand cette république a deux manières d'entendre la liberté, l'égalité et la fraternité : l'une sur le papier dont elle est entièrement prodigue, l'autre dans la pratique dont elle est tellement avare qu'œil humain n'a pu en voir la couleur, oreille humaine en percevoir les harmonies, et cœur humain les douceurs ; quand cette république divise la nation en deux camps, l'un des persécutés , l'autre des persécuteurs ; ne suscite que deux passions : la haine du propriétaire et l'amour de l'argent avec l'appétit instinctif des charges lucratives et du pouvoir ; quand cette république s'en va comme elle était venue, je dis que ce n'est pas la république de la nation française applicable à son tempérament, si ce n'est en guise de purgatif.

Note 41. — Cinq choses principales caractérisent une vraie république :

1° La *faculté* qui est donnée à l'individu de développer toutes les qualités, les talents qu'il a en germe, la *possibilité* de les mettre en œuvre, et de *remplir* une charge selon ses mérites pour son bien, celui de sa famille et de la nation tout entière.

2° La liberté à l'individu et à la famille de pouvoir acquérir, conserver et développer la propriété, base essentielle de la société et lien extérieur de la famille.

3° La liberté et la possibilité à la famille de pouvoir se maintenir, se développer et se perpétuer selon sa mission.

4° La liberté **à la religion,** base essentielle et indispensable de la famille et de la société d'un peuple, de se livrer tout entière à l'œuvre du bien-être matériel, moral, religieux et intellectuel de l'individu, de la famille et de la société.

5° Un gouvernement qui, dans sa *politique intérieure*, ne tien^t compte que de la vérité, de la justice et du droit, sans acception de caste ou de personne, rend à chacun ce qui lui revient et ce qu'il mérite, donne et laisse le bonheur, la tranquillité, la paix et l'ordre dans les familles et la société, et pour la *politique extérieure* soutient et développe la mission du pays, pour sa gloire, sa richesse, par conséquent sa force.

Tout autre idéal ne nous fournirait qu'un tripot de république, vrai laboratoire de confusion et de désordre dans la religion, la famille et la nation.

Note 42. — Pour apprécier la vraie monarchie chrétienne, il faut passer par-dessus tous les gouvernements que nous avons eus depuis 89, et si on s'arrête à celui de Louis XIV, ce ne doit être que pour le considérer dans *les résultats* de sa politique intérieure et extérieure, favorables à la France, et non dans les faux principes qui leur servaient non pas de base première mais de base seconde.

Il est impossible de juger la situation du pouvoir et de la nation d'alors avec les idées modernes et la condition actuelle de la société. Pour le faire sainement, il faut partir des principes.

L'origine, l'exercice et la fin du pouvoir étant par et pour la religion, la famille et la propriété, il s'ensuit que le pouvoir était bien constitué à cette époque, et qu'en le constituant de nouveau sur cette base, il sera dans toutes les conditions de stabilité et de force.

Il ne faut pas oublier que les Etats-Généraux étaient la représentation de ces trois bases, par le clergé, la noblesse et le tiers-ordre.

La propriété était alors presque exclusivement au pouvoir du clergé, de la noblesse ; aujourd'hui elle est entre les mains de toute la nation.

La noblesse formait à l'époque une véritable caste à part se distinguant du reste de la nation par l'*unité d'éducation* sociale et politique, de *traditions* de famille, qui l'a tenait attachée aux destinées du pouvoir et de la nation, et d'*influence* toute naturelle sur le peuple, par suite de relations nécessaires avec lui. Si vous cherchez en France une caste qui réunisse ces qualités, il vous sera impossible de la trouver. Aujourd'hui tout est peuple au point de vue religieux, moral, intellectuel, surtout d'éducation politique et sociale. La noblesse se trouve confondue avec la bourgeoisie, la bourgeoisie avec le peuple. L'unité, base d'une caste, manque à la noblesse de notre époque tant par *l'origine,* qui la rattache à diverses dynasties opposées entre elles, que par les *tendances* et la *position sociale* qui la confondent avec le peuple. Vouloir donc remettre, à une caste exclusivement, les premiers rôles dans la nation, ce serait marcher contre les principes de la base d'une société, de la France en particulier, qui a toujours été le pays le mieux constitué; ce serait commettre la faute des gouvernements précédents qui ont méconnu cette vérité, et courir à sa ruine. Ce n'est donc que comme citoyen représentant de la famille ou de la propriété, et selon ses mérites, qu'on peut seulement revendiquer le titre de prendre part à la direction des affaires. Et quand un éminent publiciste chrétien a dit que l'avenir était à la démocratie, il n'a fait *que constater un fait* pour l'état actuel de la France, *déclarer un droit* pour tout citoyen français et *tracer un devoir* pour le pouvoir dans le choix de ceux qui sont appelés à partager avec lui les soins du gouvernement.

C'est ainsi que la Monarchie française se rétablissant sur sa vraie base sera une vraie république et la plus parfaite des républiques chrétiennes.

Note 43. — La Monarchie, *de droit,* est le gouvernement de la France, puisque c'est le seul qui puisse lui permettre de remplir sa mission; *de fait,* c'est celui qu'elle a toujours eu comme le prouve l'histoire, comme l'exigent son tempérament et ses tendances, puisqu'il faut toujours y revenir, soit sous le nom d'empire, soit sous celui d'une royauté constitutionnelle, comme le démontrent son aversion et son empressement à se débarrasser des républiques qui ne peuvent plus durer sitôt que la force vient à leur manquer. Pour nier cette vérité il faut être de mauvaise foi ou d'une ignorance crasse en fait d'histoire et de philosophie d'histoire, même en 1872, au milieu du siècle des lumières.

Et si les monarchies ont toutes croulé depuis 89, c'est qu'aucune ne remplissait les conditions de la vraie monarchie française; et ce qui leur est arrivé arrivera nécessairement à toutes celles qui leur succèderont (on peut en être certain), si elles ne s'établissent pas sur leurs vraies bases, parce que la mission de la France exige l'ordre, la paix, la félicité à l'intérieur et la force à l'extérieur, et que ces choses ne peuvent exister si la société n'est pas assise sur ses véritables fondements.

La France a fait trop d'essais d'un autre tempérament et chacun d'eux lui a prouvé qu'il fallait revenir à sa constitution primordiale.

Du reste, l'heure de ce retour est sonnée, et pour la France le rétablissement de sa monarchie, (si la France doit vivre encore, ce que nous croyons de foi historique comme nous croyons à la vie éternelle), ne saurait tarder.

Dieu, devant qui un jour est comme mille années et mille années comme un jour, Dieu depuis trois siècles a vu que l'univers redevenait informe et sans vie. Lorsque le chaos est formé et que les ténèbres enveloppent la terre, il envoie son esprit de lumière qui se repose sur la surface du globe afin d'en chasser la nuit et d'y faire régner le jour et la vie. Et au milieu des éclairs et du tonnerre, il incline les cieux et il descend sur son Sinaï, et lorsque s'est fait le silence que sa très-sainte majesté impose aux vents et aux tempêtes, aux tourbillons et aux orages de l'esprit immonde, il fait entendre sa voix à son Moïse, et il lui dit : Les nations que j'ai créées moi-même et que j'ai données en héritage à mon Fils unique ont toutes corrompu leur voie. La liberté d'enfants de Dieu que j'avais donnée aux hommes, ils l'ont méprisée, et ils n'ont suivi que la liberté des enfants des hommes. J'avais scellé ma mémoire en l'éternisant dans l'humanité par l'impression de ma vie, et de mon sang et par mon propre Fils, et ils ont brisé mon sceau et ils ont dispersé mes trésors aux vents de la terre. Le livre de vie que je tiens fermé pour toujours à mes anges et que je livrais ouvert à mes enfants, ils l'ont fermé; et l'intelligence de mes merveilles et de mes miséricordes communiquée à la terre, ils l'ont répudiée. J'avais voulu que tous les hommes fussent un avec mon Fils comme mon propre Fils est un avec moi, et ils ont brisé l'alliance que j'avais faite avec eux. — Mais je suis le Seigneur des seigneurs et le dominateur des dominateurs ; mais je ne puis oublier que les hommes et les nations sont mes créatures, et que l'ennemi de mon nom est l'ennemi de l'œuvre de mes mains, et il a tenté d'usurper une seconde fois mon autorité, et ma majesté a commandé à ma bonté de conserver ses droits ; et ma justice a soufflé sur la terre, et les ennemis de mon nom ont été emportés comme la paille au tourbillon des vents ; et voilà qu'ils ne sont plus. C'est pourquoi, toi, mon Moïse, écoute ma parole et sache que tu es Pierre, et que sur cette pierre je bâtirai mon Église et j'établirai ma société des hommes, et que les portes de l'Enfer ne prévaudront jamais contre elle. Qu'il soit connu à tous les habitants de la terre que mon autorité, au nom de Moi, sainte Trinité, Père, Fils et Saint-Esprit, je la dépose en toi, que tout ce que tu lieras sera lié au ciel comme sur la terre, et tout ce que tu délieras sera délié ; que je te constitue juge parmi les nations et interprète de mes volontés divines, que tu rempliras les mêmes fonctions sur la terre que mon Fils au ciel, et que c'est à toi qu'iront Rhaab et Babylone comme les filles de Sion pour apprendre les sentiers de ma vérité, de ma justice et de ma bonté.

Le Seigneur dit : Et le ciel et la terre de chanter l'hymne d'action de grâce : Vive Dieu ! vive Jésus-Christ ! vive le Pape infaillible !

Et l'autorité de Pierre infaillible venait d'être définie, la clef de voûte de l'édifice social !

Et l'autorité de Dieu se rétablissait dans la société des nations et parmi les peuples.

L'autorité est définie dans la société religieuse et constituée pour l'éternité. Il ne reste plus qu'à la constituer dans la société civile ; mais comme ces deux sociétés sont unies indissolublement, ainsi que le corps et l'âme, que ce n'est que par la première que Dieu communique avec la seconde, il s'ensuit que tôt ou tard cette constitution de l'autorité divine se fera dans la société civile.

Qui ne voit toute la sagesse du Comte de Chambord, et qui ne comprend maintenant pourquoi il ne veut et n'a pas le droit d'être le roi de la Révolution.

La tourmente qui se fait sentir aujourd'hui vis-à-vis cette grande question, n'est que l'écho et la conséquence de celle qui avait précédé la définition de l'infaillibilté. Il suffit de savoir enchaîner les actes de l'histoire pour en être convaincu.

Le grand inspirateur de l'opinion publique par son prophète, hermite publiciste de profession, avait prédit que l'Église aurait son 89, et tous les échos du monde n'avaient pas assez de voix pour répéter la parole inspirée du prophète.

Et l'Eglise qui est du ciel, mais sur la terre, a eu son 89 céleste.

Maintenant la France, rattachée si intimement à l'Eglise, demande et veut participer au 89 de l'Eglise; et le même inspirateur, et le même prophète, et les mêmes échos de s'éreinter à crier leur *non licet*, ça n'est pas permis. En suivant de près la phase de cette double question capitale, il n'y a que l'esprit peu accoutumé aux rapprochements qui ne soit pas saisi des rapports intimes qui unissent ces deux grands faits.

Les inopportuns de l'infaillibilité sont devenus les inopportuns de la royauté. Les mêmes armes, les mêmes motifs, les mêmes moyens sont mis en œuvre. Et si le roi voulait savoir et connaître les défenseurs réels de la vraie royauté, il n'aurait qu'à rechercher les défenseurs de l'infaillibilité dans la presse, au manoir, au hameau, dans l'atelier, dans le camp, au parquet, au presbytère, à la maison d'école et sur la place publique. Mais qu'il daigne s'éviter cette peine ; quand il sera sur le trône, il y aura accord parfait comme pour l'infaillibilité, et les plus opposants, les s'abstenants, les conciliants par tempérament de ménagement, d'*avant*, seront devenus les plus dociles, les plus soumis, d'*après*, et surtout les plus disposés à montrer par leur bonne volonté à soulager le roi dans sa lourde charge, combien ils sont revenus de leurs égarements. S'il en est ainsi, et si la faute n'est pas à eux, elle est au libéralisme *.

---

* Le plus grand instrument du libéralisme est la presse. Autrefois la presse n'était que *nouvelliste*, aujourd'hui elle est devenue une *école de dogmatisme* et une *affaire de spéculation* directement ou indirectement.

L'importance de la presse est telle aujourd'hui qu'elle seule forme et conduit l'opinion publique, l'esprit de la nation. C'est un glaive à deux tranchants qui pénètre partout, et partout laisse les traces de son passage. Elle est l'arme la plus terrible des temps modernes tant pour opérer et soutenir le bien que pour faire le mal.

Le monde religieux, le monde intellectuel, moral, politique et social, est bouleversé par quatre funestes principes : le rationalisme, mépris de toute loi divine ou naturelle et négation de la révélation; le sensualisme, corruption générale des mœurs, l'amour des richesses promptement acquises; le socialisme gouvernemental, dont la spoliation est le principe et la base, ruine de la religion, de la famille et de la propriété; enfin le socialisme universel ou communisme, dont la devise est : Plus de Religion! plus de Famille ! plus de Société ! Ce n'est que par

Dans cette question de pouvoir, ce sont toujours les mêmes principes de libéralisme qui attardent tout.

Ce qui distingue le libéral, c'est l'ignorance des *vrais principes* ou la mauvaise foi pour en rejeter les conclusions logiques et légitimes, ou bien le travers naturel ou passionné de l'esprit, qui empêche de saisir la vérité dans ses principes ou dans ses conséquences.

Rechercher la vérité dans toute sa rigueur, cela n'est qu'une chose de l'essence et de l'esprit du catholicisme ; la fuir c'est la conséquence logique du protestantisme et de son fils bien-aimé en qui il a mis toutes ses complaisances, le libéralisme.

S'il était permis de comparer les grandes choses aux petites, nous dirions que le catholicisme, c'est l'aigle qui recherche la lumière, vit au soleil, le provoque, et le fait provoquer à ses petits. Le libéralisme au contraire, c'est le hibou qui ne peut vivre, lui et les siens, que dans les ténèbres, secret de sa force et de sa vie, et ne peut s'exposer à un beau soleil sans perdre les conditions de son existence. Si on poursuivait la comparaison, on verrait qu'elle pro-

la mauvaise presse que ces principes ont pris leur développement et ont gagné les masses. Quel remède opposer à ces ravages ? il n'en est que deux, l'Eglise et la bonne presse.

Mais pour combattre efficacement la mauvaise presse, est-il nécessaire d'abord de connaître la bonne et de lui venir en aide ?

Nous avons vu plus de quatre-vingts journaux, tous conservateurs, se liguer pour le bien et sauver la France. Quels sont les fruits de cette coalition ? Qu'en est-il résulté ? Rien, absolument rien. Et il ne pouvait en être autrement. La base de cette association reposait sur des expédients et non sur de véritables principes. Le principe devait être *catholique* avant tout, et par catholique nous entendons l'acceptation du Syllabus, de la Bulle *Quanta cura*, du dogme de l'infaillibilité avec toutes leurs conséquences logiques ; voilà pour le point de vue dogmatique. Il devait ensuite reposer sur la *constitution primordiale* de la France, pour rester dans la vérité et pour conduire à des conséquences pratiques et efficaces, en faveur de la restauration de la France et de son salut par le seul Henry de Bourbon.

De cette manière l'accord se serait fait dans les esprits et dans les cœurs, tandis qu'il ne s'est opéré que sur le papier ; et chacun de reprendre sa besogne, le triomphe de son parti. Voilà le fruit du libéralisme, école d'erreur et de mensonge, séparant la conscience du devoir, la religion de la politique, Dieu de la société. Et chose digne de remarque ! le parti légitimiste qui reprochait au parti catholique d'avoir perdu la France, refuse de suivre ce parti catholique lorsqu'il est le seul sur le terrain de la religion en accord avec la politique à faire tous ses efforts pour ramener le Prince qui doit procurer notre salut, et lorsque ce Prince s'est prononcé d'une manière si nette en faveur de sa mission. Pourquoi cela ?

D'un côté, parce qu'on ignore les vrais principes constitutifs de la société et ceux de la France spécialement ; parce qu'on est gallican *politique*, ne pouvant plus être gallican religieux ; parce qu'on veut être quelque chose dans le nouveau rétablissement de la France, et que le chef de la maison de Bourbon n'a voulu faire de compromis avec personne, ni avec aucune famille ni aucune caste ; d'un

fonde analogie il y a entre le catholicisme et l'aigle, entre le libéralisme et le hibou, mais nous abandonnons cette curiosité à la
discrétion du lecteur.

Quoiqu'il en soit, la France va nécessairement reconstituer sa
monarchie. C'est le vœu de la nation. L'ordre et la prospérité le
réclament impérieusement. Avec la monarchie vraie, tous les em-
barras du moment disparaîtront en quelques années, et la France
reverra son organisation et son administration replacées sur leurs
bases pour la force, la richesse et la gloire du pays.

Mais sans cette vraie monarchie, il est *matériellement* et *moralement* impossible au pays de se reconstituer en faveur et dans l'intérêt de tous.

La Prusse a tout intérêt à empêcher cette reconstitution de la
France. A la lumière de l'histoire, cette nation prussienne nourrit

autre côté, parce qu'on est à l'esprit révolutionnaire, esprit de méfiance et de contradiction, d'ambition et d'intérêt ; que l'on se contentera du seul retour d'Henry
de Bourbon à la condition de devenir un personnage, ou bien à la condition de ne
rien changer à l'état actuel des rouages administratifs, moyen facile d'ascension
sociale. Telle est la raison de cette multiplicité de journaux conservateurs (de
nom seulement), lesquels vous reconnaîtrez facilement à leurs fruits et à leurs
principes. De plus, quoique divisés entre eux, ils s'accordent sur un point ; ils ont
un terrain commun, celui de la mauvaise foi, de la jalousie vis-à-vis des organes
du principe catholico-monarchique, de la platitude ou d'une feinte hardiesse à
l'égard du pouvoir, d'une prudente réserve surtout et d'une fuite accélérée dans la
discussion des questions de principe. Et cette presse caméléone, malgré ces ressources, malgré l'appui, plus souvent secret qu'avoué, de grands, de braves catholiques, amis de la paix et de la concorde, mais personnages de comités se sou-
ciant peu des principes qui l'établissent dans les intelligences; malgré ses protes-
tations de dévouement à la cause légitime, en contradiction avec leurs écrits, leurs
actes; cette presse libérale a été, est et ne peut être essentiellement qu'*ennemie*
de la Monarchie française représentée par Henry de Bourbon, et qu'*amie* de la révolution soit à l'état de provisoire, ou de république, d'empire, de monarchie de
juillet ou de fusion légitimiste. Elle crie bien haut contre les quatre faux principes
mentionnés plus haut, mais elle ne fait rien qui puisse en éloigner. En partant
clairement des principes catholiques qui en montrent l'erreur et les périls, si elle
veut battre le socialisme gouvernemental, c'est sans sortir du champ de la révolution ni employer d'autres armes que les armes de la révolution. La seule différence
qu'il y ait entre la presse libérale et la presse socialiste, c'est que la première
nous maintient toujours sur la voie qui conduit à la seconde, et que celle-ci veut
logiquement profiter des leçons qu'elle accepte de celle-là.

Il y a deux moyens de venir en aide à la bonne presse, l'un négatif, l'autre positif. Le moyen négatif consiste à s'abstenir à tout prix de la mauvaise presse. Et
ici, par mauvaise presse, je n'entends pas seulement le journalisme révolutionnaire avoué, mais encore tout journal qui n'a pas *franchement* les principes
catholico-monarchiques, tout journal entaché de libéralisme.

L'autre moyen à employer est positif, c'est-à-dire coopérer, dans le travail de
la bonne presse, par soi-même, de sa plume ou de ses deniers. C'est un devoir dans
les circonstances actuelles, vis-à-vis de Dieu, de l'Eglise, de la France, de la
Monarchie. Le mal et l'erreur faisant des ravages partout, c'est un devoir au
moins de *charité* d'aider à le détruire, pour établir la paix et la concorde dans
les intelligences d'abord, puis dans les cœurs.

dans son sein une haine mortelle contre nous. Depuis Frédéric-le-Grand jusqu'à Bismark-le-Grand (sa représentation), elle n'a pas varié d'un *iota* dans sa politique agressive et encore plus lucrative au détriment de la France et de son influence. Qu'on lise avec attention les actes de ce royaume maudit, péché de l'Europe, et on constatera :

1° Qu'elle a toujours développé les idées révolutionnaires, irreligieuses (aujourd'hui libérales) dans la nation française et dans le monde par ses prétendus savants ;

2° Qu'elle a toujours tenu à avoir des relations avec la France, qu'elle a constamment visé à se donner comme modèle, afin de démoraliser la nation française par des intelligences secrètes ;

3° Vis-à-vis du pouvoir en France, de tout temps elle a été le serpent caché sous l'herbe, mais ne perdant pas de l'œil son objectif double : premièrement de lui faire commettre des fautes, secondement d'en profiter.

Et cette conduite quand elle n'a pu la tenir directement, ça été indirectement par ses alliées naturelles quand il s'agit de la France, la Russie d'abord, puis l'Angleterre.

4° Qu'elle s'est bien gardée d'adopter pour elle et de mettre en pratique toutes les doctrines subversives qu'elle infiltrait dans notre nation ;

5° Que toute sa politique se résume en ces mots : disparition de la France et son remplacement par la Prusse; diviser la France d'avec son pouvoir, sous prétexte de progrès et de science, et cela depuis Voltaire jusqu'à l'enseignement obligatoire dont nous cherchons sottement le modèle chez elle; faire commettre des fautes au pouvoir par ses leurres, prendre ce que nous avions de bon dans notre Constitution monarchique pour s'en servir chez elle, et nous couler ce qu'elle avait de mauvais et ce qu'elle croyait devoir nous nuire.

On parle de revanche. Si on veut l'assurer, cette revanche, et non une seconde défaite certaine, la première chose c'est de sortir de la voie où nous sommes engagés, de reprendre l'ancienne politique qui eut empêché le crime de la Pologne et eut laissé le duc de Brandebourg dans le néant. Bismark-le-Grand le sait bien, voilà pourquoi il sacrifie volontiers une parcelle de nos milliards pour empêcher que jamais la France reprenne sa vieille monarchie avec sa gloire, ses traditions, sa mission, et pour susciter ou soutenir un tout autre gouvernement quel qu'il soit, parce qu'il est sûr de travailler pour le roi de Prusse et l'empereur d'Allemagne, lequel prétend à l'héritage de Charlemagne.

Note 44. — Napoléon II est mort dans la chambre même où Nopoléon Ier avait signé la radiation des États pontificaux, par un décret du 17 Mai 1809, daté de Vienne. C'est à Vienne également que furent signés les traités qui rendirent au Pape ses États.

Note 45. — C'est parce que Napoléon Ier ne tenait sa couronne que de lui-même qu'il ne voulut pas, à son sacre, que le Pape la déposât sur son front, et comme cette couronne n'avait d'appui que l'épée, quand cette épée fut broyée par Dieu, la couronne ne pouvait manquer de se briser.

Note 46. — Jusqu'à présent l'histoire de Napoléon Ier n'a pas été faite. L'avenir ne saurait confirmer toutes les apologies, et les apologies seulement du grand homme. Et le plus fort soutien de la dynastie, que Napoléon III aimait à décorer du titre de grand historien national, M. Thiers * ne trouvera pas grâce devant la froide impartialité et la lumière de l'histoire, dont les arrêts casseront impitoyablement les jugements. Elle nous démontrera que l'homme qui, dans les temps modernes, a le plus nui à la France et à l'humanité, a été le « grand homme ; » qu'avant lui le mal de la Révolu-

---

* « Lié dès sa jeunesse à la Révolution par une affiliation aux sociétés secrètes, par ses serments de haine contre la royauté, par ses machinations contre la dynastie royale, panégyriste de la République, courtisan du premier Empire., l'un des fondateurs de la monarchie de Juillet, il est vraiment fils de la Révolution, il a grandi par elle. Il accepte avec empressement le pacte qui lui est proposé par Picard, Favre, Simon. Vainement la France a fait entendre sa voix, vainement la Chambre, qui est sa fidèle expression, affirme son retour aux sentiments monarchiques, aux idées religieuses ; doué d'une audace astucieuse et persévérante, il restaure, sans bruit, une quatrième République, et rétablit le règne du materialisme.

« D'abord simple, insinuant, cajoleur, mais bientôt après hautain, acerbe, grondeur, impatient de toute observation, M. Thiers fait inscrire, contre la volonté formelle de la Chambre, le mot République dans les registres publics ; il exclut des places les partisans de la Monarchie, il conserve les fonctionnaires du 4 Septembre et ne leur adjoint presque partout que des démocrates ; il est plus fort que la Chambre, plus fort que la France, il impose sa volonté à trente-quatre millions de Français.

« Ainsi la France est appelée à solder la rançon de la Révolution et, chose étrange, ce sont des révolutionnaires qui sont chargés de régler et de prélever ce tribut qu'ils lui ont imposé par leurs usurpations et par leurs fautes sans nombre. Voilà le degré d'abaissement où est tombée une grande nation. » — (M. Boudot-Challage, vice-président du tribunal de Montbrison).

(*Univers*, 17 Mai 1872).

tion était encore à l'état sauvage, mais que c'est lui qui l'a civilisé, pour ainsi dire , l'a embrigadé et l'a organisé dans la législation, les institutions et les mœurs ; que la Révolution a été son unique instrument de gloire et de force, comme elle sera forcément, de par Dieu , la grande justicière de cette même gloire et de cette même force.

Note 47. — Peu importe que le Coup-d'État ait été une *usurpation* d'abord ou un acte *légitime,* ou que le pouvoir ait été *légitimé par l'élection* ou la *nécessité des circonstances* : ce qu'il y a de certain c'est qu'il a manqué complétement à sa mission.

Note 48. — Napoléon III a été le complément nécessaire de Napoléon Ier. Celui-ci avait posé les prémisses, celui-là tirera aveuglément les conséquences, directement par lui-même ou indirectement par la Commune, sa fille aînée légitime.

Il revêtira les formes et les allures de Julien-l'Apostat et blanditieusement achevera de saper les bases de la société française , de son gouvernement et de sa mission. Quand il les aura pulvérisées dans la religion, la famille, la propriété, et quand il aura appelé le vent de l'Aquilon pour le débarasser de leurs incommodités et qu'il se croira fort et seul maître (et cela de par lui seul), l'Aquilon, obéissant à la justice de son créateur, se saisira de lui et volera le noyer dans le cloaque préparé de ses mains et pour d'autres victimes. Le Galiléen aura encore vaincu !

Note 49. — Si vous ne reconnaissez pas à un homme le droit de se suicider, directement ou indirectement, en pleine connaissance de cause, vous ne sauriez pas plus reconnaître à la nation le même droit, puisque Napoléon III a été pour elle l'instrument direct de son suicide indirect.

Note 50. — Napoléon III n'aurait pu que commencer une dynastie au point de vue du droit. Mais l'une des conditions requises et essentielles du pacte qui se conclut entre la nation et le souverain, c'est que le chef de la dynastie gouverne selon le bien da la nation et sa mission, et que l'hérédité ne confère un droit que parce que l'héritier est censé suivre le programme du père approuvé, et de la nation. Or, le programme du père, dans sa politique intérieure et extérieure, étant mauvais et faux , le père étant justement culbuté par la conséquence directe de ses injustices , il ne reste plus rien au fils. D'un autre côté, la nation ne pouvait se lier vis-à-vis du fils du vivant du père, à moins que celui-ci ne fît abdication réelle. Mais, comme ni l'une ni l'autre de ces choses n'ont eu lieu, il s'ensuit que le fils de Napoléon III n'a aucun droit.

Note 51. — Pour qu'il eût un droit à l'élection, il faudrait : 1°que l'Assemblée fût libre de choisir n'importe qui pour le placer sur le trône. Or, l'Assemblée ne peut élire que celui qui fournisse les garanties de remplir sa charge de souverain dans les règles du tempérament, du bien et de la mission de la France, toutes choses créées par Dieu et sur lesquelles l'Assemblée n'a aucun droit ; 2° nonobstant ces conditions, il faudrait que le fils du Bonaparte troisième, fut revêtu des qualités de simple électeur, dont la plus essentielle lui manque, l'âge requis. Car, puisque c'est avec lui-même que s'engagerait la nation comme vis-à-vis d'un chef de dynastie, il faut qu'il puisse gouverner par lui-même et non par d'autres, comme c'est le cas dans l'hérédité en vertu du programme du père.

Note 52. — Le prince Jérôme, tout le temps du règne de Napoléon III, a été l'instrument conscient, habile et hardi, destiné à sonder et à défoncer les bas-fonds de la société, dans l'intention d'assainir les régions du pouvoir. Les mêmes raisons qui excluent l'ouvrier, rejettent par là même l'outil.

Note 53. — On ne sait vraiment à quel titre ils réclament le trône. En voyant le silence qu'ils tiennent à garder, par leurs actes et leurs paroles ; l'indécision si tranchée, dans des circonstances où il faudrait se dessiner nettement ; on ne sait s'ils briguent le pouvoir immédiatement et avant le comte de Chambord, ou après lui, par le titre d'hérédité, ou si c'est par la décision de l'Assemblée qu'ils voudraient escalader le trône. Trop de prudence devient compromettante, et tout compromis mène à la défaite, à la ruine et la honte.

Note 54. — Pour quiconque connaît l'histoire de 1830, il est patent que la nation, comme nation française par les représentants et les canaux de son pouvoir dans sa base (VI.XIV), n'avait prêté son concours à Louis-Philippe qu'autant et dans la même mesure qu'elle l'avait fait vis-à-vis de son père. La Révolution seule créa le Gouvernement de Juillet, dont le président actuel de la République fut un des principaux fondateurs.

Note 55. — C'est cependant une condition sans laquelle la nation ne pourrait tenir le pacte, s'il y en avait eu un *jamais*. Nous ne sachions pas qu'il ait fait un manifeste ou une protestation à la France pour la consciencieuse sauvegarde de ses droits.

Note 56. — Un pacte conclu entre deux contractants, on ne peut déroger aux clauses de ce pacte que du consentement formel des deux contractants, à moins que ce ne soit par l'ordre d'une autorité d'où dépendent, immédiatement et formellement, ces deux contractants et qui ait pouvoir sur le contrat lui-même. Puisque le Comte de Paris n'est pas la ligne directe, il n'est donc pas un des contractants, pas plus qu'une autorité qui leur soit supérieure ; par conséquent, il n'a aucun droit de poser des conditions.

Note 57. — La succession au trône de France est réglée d'avance par le pacte primordial, par conséquent un des contractants ne peut y déroger (56). Henri V y dérogerait s'il faisait un contrat avec le Comte de Paris pour lui assurer la succession après lui, car ce serait ne pas reconnaître la vertu de cette loi et l'abolir par là-même, d'un côté, ou bien faire un contrat nul de soi, si la Providence accordait un héritier direct, d'un autre côté.

Note 58. — Supposé même qu'Henri V meure sur le trône sans enfant, si le Comte de Paris n'était pas dans les conditions requises par l'idée même et la base du pouvoir en France, il ne pourrait jouir du bénéfice de cette loi, parce que la nation ne peut vouloir quelqu'un, qui soit pour son malheur, comme le serait celui qu'excluerait la loi salique et le bien et la mission de la France.

Note 59. — Comme descendant direct et proche d'une maison dont les pères ont brisé deux fois le pacte social de France ; ce pacte et cette loi excluent tous ceux qui sont censés, à juste titre, devoir agir de même, reconnaître et approuver ce crime, par là-même qu'ils ne le désapprouvent pas publiquement et n'en confessent pas l'injustice. Sans cela la loi n'a plus de garanties, et la nation est vouée à l'anarchie et à la raison du plus fort, ce qui est contre la notion primitive de la société.

Note 60. — Par là-même que le Comte de Paris se soumettrait *simplement* au roi, il serait censé aux yeux du roi, la reconnaître et désavouer tout ce qui a été fait contre elle, puisque le roi en est l'expression.

Note 61. — Lorsque, par le renversement du pouvoir existant, la nation se trouve tout-à-coup plongée dans l'anarchie, sans savoir précisément dans quel sujet le pouvoir se trouve ou sans possibilité pour elle de le remettre à qui il revient, si un homme apparaît qui rétablisse l'ordre et la tranquilité et donne des garanties de bien gouverner, et que la nation l'acclame comme son souverain, le pacte primordial n'est pas détruit, mais il a son effet direct seulement suspendu. Cet effet direct est réclamé par la loi, à la mort de ce souverain, à moins que la nation n'ait fait un nouveau pacte avec lui selon toutes les règles (ce qui suppose la cassation du premier pacte, ce qui n'est pas encore arrivé pour la France), et l'établissement d'un nouveau pacte par l'autorité constituante de la nation, c'est-à-dire la Religion, la Famille, la Propriété.

Note 62. — Qui n'admirerait l'économie de la Providence? Elle dispose de tous les événements pour faire connaître clairement ses desseins, et amener les nations où elle veut. « Les peuples s'agitent, mais Dieu les mène. » Si le génie qui a produit cette parole eût été témoin de tous les actes de la France depuis 1648 et 1682 jusqu'à 1869 et 1872, de quels flots de lumières, cette grande intelligence n'eut-elle pas éclairé les ténèbres qui couvrent la surface des royaumes et des empires.

Avant de se mettre à l'œuvre, Dieu semble se recueillir. C'est pour cela que, dans le courant de trois années (1869 à 1872), il a donné aux hommes et aux nations (principalement à la France qu'il veut rapprocher de lui), la faculté de contempler, comme dans une miniature, tout le travail que trois siècles ont opéré pour sesép arer de lui.

Dans sa bonté divine, la Providence a permis que l'on goûtât, pendant ce court espace de temps, tous les fruits de cet arbre, si fertile en malheurs pour la France, la Révolution, et que l'on vit cet arbre dans sa structure à nu, pour nous détacher et de l'arbre et de ses fruits.

La Révolution est arrivée à son terme, elle n'ira pas plus loin ; et c'est le grain de sable du Vatican, si faible en apparence, qui est chargé de l'arrêter. Elle voit ses efforts couronnés d'un plein succès ; elle commande sur tous les trônes, et ce n'est que par ses ordres que le monde marche ; peuples et souverains ne sont que ses sujets. Toute son étude et son travail avaient consisté à détrôner Jésus-Christ et à prendre sa place. Maintenant qu'elle y est parvenue et que tous les royaumes ne sont que des districts de son vaste empire, elle va se détruire elle-même, parce qu'elle est divisée, et que tout royaume divisé est voué à la mort.

1859 et 1860, ainsi que 1869, n'avaient été que la conséquence rigoureuse de l'Empire second de ce nom ; le règne de Napoléon III, que l'incarnation et l'expression parfaite de l'idée napoléonienne, parquée dans notre législation et nos institutions. L'œuvre de Napoléon 1er embrassait complètement 89 dans ses conséquences, comme 89 découlait en droite ligne de 1682, époque fatale qui devait nécessairement suivre 1648.

Avant de signer le décret d'expulsion du Christ à Wesphalie, les nations avaient été longtemps dans l'hésitation par un vague pressentiment de terribles conséquences ; cependant 1682 n'avait pas paru. C'est cette époque qui mettra la première à exécution le décret déicide.

Les temps sont accomplis, et Dieu va reconstruire le monde. A la clef de voûte vermoulue et pourrie de 1682, lien nécessaire entre 1648 et 1870, il substituera le roc inébranlable de l'Infaillibilité, point d'appui et lumière de la constitution intime des peuples et des nations entre elles.

Il ne faut donc pas s'étonner de l'hésitation que l'on voit dans le monde à retourner à son état normal. Cette hésitation est naturelle à la Révolution qui, à son tour, nourrit le vague pressentiment de sa mort, et voudrait reculer en arrière. Mais il est écrit qu'elle servira Dieu seul et qu'elle lui obéira ; par conséquent son jugement est prononcé, et, bon gré malgré elle, bon gré malgré toute sa force, sa puissance, son étendue, sa science, il lui faudra obéir au Seigneur et exécuter ses volontés, soit par le pétrole et la mort, soit par la raison et la vie. Ce qui est écrit, est écrit ; et toute parole de Dieu a son accomplissement. Et Dieu vient de nous parler dans ces derniers temps et d'ajouter un nouveau chapitre à ses révélations. Or, l'histoire de l'Église, qui n'est que la continuation des gestes de Dieu et des actes des apôtres, vient d'enregistrer l'éternel décret de la volonté divine, écrit dans ces caractères de feu et de lumière : 1648, 1682, 1789, 1848 et 1870 composant le mot souverainement créateur : Autorité divine.

Note 63. — Comprenons pourquoi la Presse révolutionnaire et la Presse prétendue conservatrice (à la manière du voleur qui ne veut entendre parler ni de loi ni de justice, parce qu'il ne pourrait conserver son trésor dérobé), chantent toutes deux, sur le ton de la savante *Gazette de France* et consorts, que l'Assemblée est souveraine maîtresse, qu'elle peut déterminer, sans loi et contrôle, tout ce qu'elle veut, faire abstraction de la constitution de la France attachée à son tempérament, et qui renferme essentiellement sa mission et sa vie. Nous les prierions de vouloir bien nous dire non pas un déguisement de leur pensée (nous la connaissons, avec le but qu'ils poursuivent), mais en vertu de quelle théorie ils soutiennent leurs prétentions : si c'est en vertu de l'absolutisme de l'Assemblée qu'ils prônent, ils sont essentiellement bonapartistes et révolutionnaires, c'est le droit césarien ; si c'est en vertu des principes de la vérité, de la justice et du droit, qu'ils le disent sans ambage et le prouvent clairement. Leurs clients n'y auront qu'à gagner, et leur bureau rien à perdre.

Note 64. — Au point de vue doctrinal, nous avons vu d'une part que la France avait une constitution établie en rapport avec son tempérament et sa mission ; que la base de cette constitution était le pacte primordial conclu entre la nation et le souverain, pacte reposant sur les principes de la vérité, de la justice et du droit ; d'autre part que la Maison d'Orléans, dans les circonstances actuelles de la France, était exclue en vertu de cette loi fondamentale ; donc vouloir faire revenir au trône le prince d'Orléans, contrairement à cette loi, c'est nier cette loi ou la détruire ; or, la négation ou la destruction d'une loi fondamentale et constitutive d'un peuple constitue une *hérésie politique* dont la destinée est de marcher de pair avec l'hérésie religieuse ; l'histoire l'atteste.

Si ce n'était pas un leurre qui cache de vils intérêts personnels, on marcherait au grand jour, à la lumière de principes et on ne reculerait pas devant les conséquences ; on sortirait de cette demi-ombre, région habituelle et favorable aux compromis. Si on cherchait le bien de la nation réellement, et non le sien propre aux dépens de la nation, on n'aurait pas peur de la vérité ; et, si

la vérité demande que vous ne soyez qu'au deuxième et troisième
rang ou au dernier, on s'y résignerait, le cœur content, parce
qu'on se dirait que le bien général d'un corps et les conditions de
son existence exigent que tout le corps ne soit pas tout tête,
ni tout pied, ni tout main; on se dirait qu'il faut que chaque
membre soit à sa place et qu'aucun n'est inutile.

De quoi manque-t-on aujourd'hui? D'hommes? Il y en a actuellement en France un million qui se croient capables de tenir le
timon des affaires; et, si vous leur objectez et leur démontrez leur
incapacité, ils vous disent qu'ils n'auront pas de mal à faire
aussi bien que tel ou tel gouvernement, tel ou tel personnage.
Du reste, et l'histoire le prouve, la France a toujours été le pays
le plus richement doué de la Providence pour avoir, dans son sein
et à toutes les époques de sa vie, une foule immense capable d'être
à la tête des affaires; s'il n'y avait pas eu un ordre hiérarchique
et si chacun avait méprisé cet ordre, la France, dans l'anarchie,
serait rayée du catalogue des nations, depuis bien des siècles.
Et toutes nos convulsions sociales ne sont que la juste rétribution
du mépris que nous avons affiché de la pratique de cette vérité.
Avec un grain de patriotisme, un grain de dévouement réel et per-
sonnel (et non pas en paroles et en souvenir), un grain de sens droit
porté à la vérité et ne la fuyant pas, on saurait mettre la patrie
à sa place, et sa petite personnalité à la sienne.

C'est parce qu'on ne veut pas aborder la vérité dans ses principes
ou ses conséquences (dont on a peur), que la Révolution a été
obligée de recourir à l'arsenal du libéralisme, qui s'est empressé
d'enrichir sa collection d'une nouvelle arme d'escroquerie et de
malhonnêteté, en forgeant aussitôt le mot de « fusion, » dont la vraie
signification n'est autre que celle de souricière, attrape-nigaud.
Et si vous entendez seulement me dire par fusion le droit de la loi
et la soumission qu'il faut avoir à la loi, je dispense votre génie
de la fatigue qu'il pourrait ressentir des efforts qu'il ferait pour
m'entraîner à l'Académie française, afin d'y entendre la démonstration complète de cette vérité : que pour être honnête, il faut
avoir de l'honnêteté, et, que pour voler, il faut être voleur; je
vous crois d'avance et nous sommes d'accord; parce que, pour être
une banalité, ce n'en est pas moins la vérité, et que je ne croyais
pas qu'au siècle de lumière il fût nécessaire de commencer par

démontrer que l'on parle en prose avant d'étudier la poésie. C'est encore un nouveau progrès acquis à l'humanité.

NOTE 65. — Ce point étant un principe dans la question qui nous occupe, il pourrait avoir le sort des principes dans les ateliers du libéralisme, d'après la nouvelle méthode scientifique et archéologique du progrès et de la critique libérale.

NOTE 66. — C'est ici le point capital sur lequel porte tout le droit d'Henri V au trône. C'est ici également qu'il faut posséder nettement les notions élémentaires qui constituent les premières leçons que doit connaître un publiciste, et ne pas imiter certains ordonnateurs de mots, de phrases et d'idées personnelles qui se mêlent d'écrire l'histoire de papes, et de saints papes, sans même savoir ce que c'est que la papauté, et sans s'être même inquiété de regarder plus loin que la couverture de ce grand livre qui renferme les secrets du passé, du présent, de l'avenir et de l'éternité.

Or, la première leçon consiste à savoir aujourd'hui, si le monde est, de droit ; s'il peut être, s'il doit être païen ou chrétien ; si les bases de la société païenne sont les mêmes que celles de la société chrétienne ; déterminer les bases de l'une et de l'autre, leur fin et leurs moyens.

La seconde leçon est de connaître l'histoire de France, puisque c'est de la France qu'il s'agit.

Je dis *connaître l'histoire*, c'est-à-dire posséder les principes de sa formation, de son organisation, de son développement, de sa mission, en un mot, sa structure et son action dans les ressorts de sa vie à l'intérieur et de son mouvement à l'extérieur, et non pas savoir en écolier, qui se prépare au baccalauréat, des faits plus ou moins nombreux, plus ou moins importants, plus ou moins vrais, plus ou moins drôles par leur habit, avec l'année, le jour, l'endroit où ils se sont accomplis, comme on enseigne l'histoire aujourd'hui.

Ces deux premières leçons bien comprises et bien sues, ils peuvent alors tourner le feuillet, passer à la troisième page et parcourir tout le livre jusqu'à 1872 ; alors ils sauront ce que c'est que ce grand corps, dont ils font si bon marché, qu'on appelle la France ; ils sauront ce que c'est que Jésus-Christ, ce que c'est que l'Eglise, ce que c'est que la papauté, ce que c'est que l'humanité. Mais, si notre grand publiciste ne peut arriver jusqu'à la troisième page de l'histoire de France, qu'il laisse cette partie. Cette besogne n'est pas faite pour lui ; la route est longue, déserte et difficile, il s'y égarerait, s'y perdrait et certainement finirait par périr manque de secours.

Eh bien ! l'histoire de France possède l'autographe de ce contrat primordial ; et ses fausses copies, pour le téméraire impudent ou innocent qui le nierait, fourniraient une preuve de l'existence du véritable. Si vous brisez ce contrat d'alliance, voilé aux regards des hommes comme toutes les grandes choses qui se perdent dans la nuit de leur origine reculée, la France n'est plus la France dans son passé, vous lui arrachez l'àme, et vous n'en faites plus dans l'avenir qu'une espèce de chose qui n'est plus vivante, mais qui n'est pas encore cadavre,« que des peuples dévorants se disputent entre eux. »

Note 67. — Toute la vie du comte de Chambord en exil se résume dans ces quatre paroles :

Catholique avant tout, soumis aux volontés et s'inspirant du sentiment de l'Eglise.

Français en tout, se formant une miniature de France par le langage, les mœurs, les coutumes, les usages, les pratiques qui, de par sa volonté, ont seuls le droit de s'exercer au palais qu'il habite et dans ses relations.

Roi dans toute la majesté de la royauté, respirant la simplicité, l'innocence, la loyauté chevaleresque, le dévouement et inspirant le respect, l'abandon filial et l'amour, à tous ceux qui l'approchent, même à des convictions ennemies.

Exilé, courageusement résigné à la volonté de Dieu, n'oubliant pas son peuple, le suivant pas à pas, partageant ses joies et ses fatigues, mais se faisant une loi de n'exercer envers lui aucune contrainte, se fermant l'entrée en relations avec toute puissance de la terre pour exercer une pression ou une violence quelconque, directement ou indirectement, contre son peuple.

Une telle vie est l'incarnation du devoir chrétien et la légalisation du contrat d'alliance fait avec la France.

Note 68. — Il suffit d'ouvrir le manifeste et le communiqué d'Henri V et d'y lire la vérité. Tout ce qu'il devait dire, il l'a dit, tout ce qu'il pouvait exprimer, il l'a manifesté. A ceux qui demandent un programme la réponse est facile. Il n'est pas maître absolu, le pacte conclu par ses ancêtres avec la nation est ce programme, et il veut l'exécuter. Et ce pacte règle tout, par conséquent Henri V ne peut faire de compromis qui le violerait, blesserait sa dignité et celle du peuple.

NOTE 69. — Toutes les appréhensions de son retour ont leur source dans l'oubli de deux vérités qui, une fois bien comprises, rendent tout facile.

La première, c'est que le roi ne peut gouverner que par et pour le bien de la nation et *d'après les bases* de la société, c'est-à-dire celles de la Religion, de la Famille et de la Propriété ; la seconde, c'est que la société n'est plus ce qu'elle était autrefois. Elle est démocrate dans toute la force du terme, par conséquent Henri V est tenu de se servir de toutes les classes de la société, puisque la caste est purement nominale aujourd'hui.

La *propriété* se trouve dans toutes les mains. D'un autre côté, il n'y a plus de *familles ministres*, c'est-à-dire de familles qui, par leurs immenses propriétés, leur éducation sociale et politique, la tradition de leurs ancêtres (il faut ces trois conditions), se trouvaient par là même intimement liées au pouvoir.

Les trois conditions mentionnées plus haut sont la clef pour saisir le fil qui conduit à l'intelligence de la royauté française. S'il y a des exceptions (et il y en aura toujours, parce que toujours l'héroïsme, le dévouement et le génie ont droit à la récompense), c'est que le pouvoir s'associait un homme qui avait rendu d'immenses services à la nation et que cet homme devenait par là même chef d'une nouvelle famille noble.

Mais aujourd'hui l'industrie, le commerce, la bourgeoisie, la noblesse, le peuple sont, par rapport à la propriété, ce qu'étaient autrefois le clergé et la noblesse ; par conséquent, ils doivent avoir les fonctions que celle-ci remplissait dans le gouvernement, comme représentant de la propriété, et ces représentants étant partout, le pouvoir doit les prendre partout sans exception de caste et au seul mérite.

Et d'ailleurs, comprenons une bonne fois la composition de la noblesse moderne, ce prétexte d'effroi pour le peuple. Depuis que la science du progrès moral moderne a doté l'humanité de tant d'ingénieuses inventions, le peuple français, pour mériter et acquérir le titre de noble, a été dispensé d'actes d'héroïsme, de génie ou de grands services accomplis pour l'honneur, l'intérêt et la gloire de la France. On a remplacé ces actes par une chose bien plus simple, une pauvre particule composée de deux lettres qu'il suffit de poster devant son nom.

Autrefois, jusque vers la fin du règne de Louis XIV, la noblesse formait encore un corps compact ; mais depuis cette époque sublime de la science française s'émanant du prussien Frédéric-le-Grand par son canal ordinaire, Voltaire (qui se vidait si soigneusement sur le royaume de Jeanne-d'Arc, le plus beau pays du monde après le Paradis), la noblesse a été infidèle à sa mission, à sa vocation ; partant elle a perdu son unité, elle s'est divisée, et sa division augmente sans cesse. Elle a fraternisée avec la bourgeoisie et le peuple, prenant de celui-ci l'esprit révolutionnaire et de celle-là l'instinct d'une voluptueuse oisiveté, et elle a fini par être ce qu'elle est aujourd'hui, quelque chose qui n'est plus la vraie noblesse d'autrefois, mais qui l'y rattache extérieurement et superficiellement et qui fait que nous l'appellerions volontiers le *noble bourgeois populaire*, d'après les qualités qu'elle a empruntées à la noblesse, la bourgeoisie et le peuple, et qui forment son essence.

Aussi pour apprécier et connaître le vrai noble, faut-il d'abord faire abstraction de la particule *de*, puis remonter à la source et voir parmi les cinq différents réservoirs de titres quel est celui dont le titre découle. En effet, chaque gouvernement s'est créé une noblesse à son image et à sa ressemblance. Si vous prenez les gouvernements de Napoléon III, de Louis-Philippe, de la Restauration, de Napoléon Ier, vous voyez que la liste des titulaires nobles s'est bien augmentée depuis Louis XVI. Ajoutez à cela qu'un certain nombre n'a de titre de noblesse que celui qu'a bien voulu lui passer une petite propriété d'un nom distinctif, alors vous aurez la nomenclature complète de ce qu'on appelle aujourd'hui la noblesse.

Ainsi donc, *en droit*, Henri V ne peut se servir exclusivement de la noblesse, puisqu'en *fait et en pratique*, elle ne forme pas une caste spéciale, un corps compact et n'est aujourd'hui qu'une affaire de particule. Ainsi le veut le droit naturel dont la Constitution française est la plus belle expression.

Par conséquent, se faire une image du gouvernement de la Restauration (puisqu'on ne veut y voir que des nobles), de celui de Louis XIV pour se représenter le gouvernement d'Henri V, c'est une belle et bonne absurdité qui n'aurait que la fin des absurdités. Comprenons maintenant pourquoi tous les gouvernements plagiaires de la vraie royauté française, malgré leur application à se créer une noblesse comme point d'appui, sont tombés : la raison d'abord, la vérité ensuite et la justice enfin l'exigeaient impérieusement.

Note 70. — Centralisation, décentralisation sont des mots amphibologiques institués par la révolution et ses adhérents, destinés à voiler l'erreur et l'injustice du pouvoir.

Un État se compose de trois bases principales, de trois grands corps :

La *famille*, dont la réunion d'un certain nombre forme la *commune ;*

Les *communes*, qui, par la réunion d'un grand nombre, pour *l'intérêt des familles* et pour suffire à tous les besoins physiques, moraux, intellectuels et religieux de tout un pays, forment une grande commune ou *la province.*

Les provinces dont la réunion forme le royaume, l'État.

Famille, commune, province forment une société complète dans leur essence ; par conséquent, elles doivent jouir des prérogatives naturellement inséparables de l'idée de société, ce qu'on appelle les droits.

Il y a donc les droits de la famille, de la commune et les droits de la province, droits que l'État ou le pouvoir ne peut absorber sans commettre une injustice dont il paiera justement le crime un peu plus tôt ou un peu plus tard, mais un jour inévitablement. L'absorption de ces droits de famille, de ces droits de commune, de ces droits de province, basés sur la nature de la société et même sur celle du sol, par la différence de position, de production et de besoin, c'est ce qu'on appelle centralisation et ce qui veut dire injustice, violence et vol. La réclamation de ces droits ou d'une partie de ces droits, c'est ce qu'on appelle aujourd'hui décentralisation, mot qui veut dire restitution de justice, liberté, possession.

Nous, par *décentralisation*, puisque c'est le terme admis, nous entendons les *droits* de la famille, de la commune, de la province, droits imprescriptibles, et par *centralisation* nous entendons leurs *devoirs* vis-à-vis de l'État.

Or, il n'y a en France que trois espèces de gouvernement possibles : 1° le Césarisme qui n'a, ne veut et ne peut avoir de limite, car l'État est pour lui, et tout le pays pour l'État. La décentralisation est moralement et physiquement impossible pour lui, sans lui apporter la mort ;

2° La Royauté Constitutionnelle, c'est-à-dire « le roi règne, mais ne gouverne pas. » Dans ce gouvernement sans règle, tout dépend de la volonté du peuple, et comme la volonté du peuple est indépendante, mobile et jamais libre, si ce n'est libre de la liberté de se livrer à un ou plusieurs meneurs qui feront de la décentralisation ou de la centralisation selon les besoins du moment ; jamais le pays ne pourra s'organiser solidement sur les principes de la vérité, de la justice et du droit ; par conséquent il sera livré fatalement aux convulsions politiques ;

3° Enfin, la Monarchie Française où les droits et les devoirs sont minutieusement distingués, tant pour la nation que pour le souverain, et sous la sauvegarde des intérêts privés et publics de la Religion, de la Famille et de la Propiété, dans la famille, la commune, la province et l'État ; par conséquent, la décentralisation est non-seulement utile et nécessaire, mais encore d'une *absolue nécessité*.

Il ne faut donc pas s'étonner si la Révolution, sous tous ses aspects et par ses mille organes en France et hors de France, redoute tant l'arrivée au pouvoir du Comte de Chambord. Elle sait que la France sera promptement organisée, et que la France organisée est la maîtresse du monde. Comprenons encore pourquoi tous les ennemis, mais les *ennemis de fait* de la France voudraient percher sur le trône de France un Bonaparte, un d'Orléans ou n'importe qui, pourvu que ce ne soit pas Henri V.

Note 74. — Le véritable secret de la décentralisation consiste à remplacer les fonctions publiques irresponsables (si ce n'est devant l'État centralisateur), par des fonctions libres et comportant la responsabilité personnelle, devant la commune, la province. Par la fausse centralisation actuelle, le budget est nécessairement énorme. Tous les fonctionnaires sont des instruments de l'État.

La propriété est le fermier de l'Etat, les intérêts vitaux du pays sont négligés.

Pour bien remplir une fonction publique dans l'intérêt du pays, il faut :!

1° Connaitre *a*) le pays que l'on doit administrer ;

b) La partie de son administration et les services que l'on doit rendre au pays ;

c) Les moyens de rendre ces services au pays ;

2° Vouloir — par conséquent être *intéressé dans le pays, être propriétaire* ;

3° Pouvoir — par soi, directement, et par ceux avec qui on a des relations, indirectement. D'où il suit que l'administration quelconque d'un pays requiert de la part de l'administrateur : 1° qu'il soit du pays ; 2° qu'il ait une spécialité ; 3° qu'il soit propriétaire dans le pays ; 4° qu'il y soit influent ; et comme il est pour l'intérêt du pays, il faut 5° qu'il soit *nommé* ou du moins *agréé* par le pays. Voilà ce que suppose une bonne administration ; on voit comment la fausse centralisation en anéantit toutes les conditions essentielles, et comment la décentralisation véritable porterait un remède *radical et efficace* à tous les maux qui rongent et dévorent la France.

NOTE 72. — Les institutions sont tout le secret de la force d'un peuple ; mais elles doivent reposer sur leur base véritable, celle qu'avait autrefois leur organisation. Le principe et la fin doivent en être les mêmes ; les moyens seuls doivent varier parce que la société actuelle n'est plus dans les mêmes conditions qu'autrefois. C'est donc dans l'ancienne monarchie française qu'il faut aller étudier quelles institutions il faut établir, et sur *quelles bases* on doit les asseoir, pour réorganiser la France.

Si le Souverain, dans les choses qui touchent essentiellement la mission de la France, décide seul sans le consentement du pays par sa représentation naturelle, ou s'il décide avec le concours d'une chambre que lui-même s'est désignée et se soit fait nommer par des expédients et par des moyens que récuse l'honnêteté, alors le pouvoir va contre la nation et sa mission.

D'où il suit que le pays doit être représenté par une chambre ; et cette représentation doit être celle de la religion, de la famille et de la propriété. Mais comme personne n'est plus apte à comprendre, connaitre et défendre ses intérêts, que soi-même , il faut que cette représentation du pays, soit faite par des personnes du pays même. D'un autre côté, dans un grand royaume comme la France, l'intérêt de chaque contrée n'étant pas le même, il faut autant de représentations qu'il y a d'intérêts divers dans le royaume.

La conséquence directe et immédiate de cette vérité exige donc :

1° La séparation de la France par provinces, selon les intérêts et les produits du pays;

2° La création d'une chambre de province par la province et pour les intérêts de la province même ;

3° La représentation spéciale de la religion, de la famille et de la propriété dans tous leurs intérêts distincts, de manière à avoir autant de représentants différents qu'il y a d'intérêts divers ;

4° La nomination des représentants des intérêts divers à la chambre de province, par ceux-là même qui sont à leur tour, les représentants directs de la religion, de la famille et de la propriété.

Voilà pour la province.

Maintenant chaque assemblée de province doit à son tour se faire représenter auprès de l'État, pour y plaider et défendre ses intérêts : de sorte que l'assemblée de l'État se composera de membres composant deux catégories distinctes ; 1° ceux qui sont envoyés de la province ; 2° ceux que nomme l'État.

Voilà bien les deux chambres dont parle le Comte de Chambord dans son manifeste, d'accord en cela avec la raison, l'histoire de France et surtout la grande constitution monarchique de France.

Note 73. — La centralisation de 89, révolutionnaire ou constitutionnelle moderne, n'est autre chose que l'absorption des droits de la Religion, de la Famille et de la Propriété dans la commune et dans la province, et ne ressemble en rien à la centralisation qu'exige la mission de la France et sa vieille constitution.

Celle-ci : 1° n'a pour ainsi dire qu'une action *directive* des intérêts vitaux du pays; 2° elle doit être pour l'avantage de ces intérêts vitaux du pays dans la commune, la province, par rapport à la religion, la famille et la propriété, tandis que la centralisation quatre-vingt-neuviste agit *directement* sur le pays et pour l'intérêt même de l'État contre celui des communes et des provinces.

La centralisation actuelle crée un antagonisme perpétuel et nécessaire entre le pays et l'État, et c'est toujours le pays qui est sacrifié à l'État, c'est-à-dire au chef du pouvoir directement ou indirectement.

La vraie centralisation au contraire établit l'harmonie entre le pays et l'État. Elle cherche d'abord le bien du pays, puis du surcroît de ce bien, pour ainsi dire, elle se fait un instrument pour exercer et développer, en faveur du pays encore, sa mission à l'intérieur et à l'extérieur, mais toujours au profit des bases de la société, de la nation elle-même dans la religion, la famille et la propriété.

Ainsi la centralisation véritable suppose : 1° la connaissance de la mission du pouvoir en France ; 2° la connaissance des vrais intérêts de chaque contrée de la France, de ses forces ; 3° l'accroissement et la direction de ces intérêts et de ces forces dans une unité de but ; 4° le fonctionnement de cette centralisation, par le mouvement naturel et spontané du pays et du pouvoir, ce qui a lieu au moyen des deux grandes Chambres, celle de province et celle de l'État.

Comme on le voit, cette centralisation directive n'est que le principe et la fin de ce qu'on appelle la politique intérieure et la politique extérieure.

Note. 74. — La subordination de la décentralisation à la centralisation, comme de la politique extérieure à la politique intérieure, suppose unité de principe et de fin dans la politique. Or, si on se met en dehors des bases naturelles de la société française, c'est-à-dire, l'intérêt de la religion, de la famille et de la propriété dans la commune et la province, et en dehors de la mission de la France, où irez-vous chercher un point de départ et un but commun à toute la nation ? Impossible d'en trouver ; et par le fait, depuis 89, nous avons vu tous les gouvernements, sans en excepter un seul, depuis la Convention jusqu'au provisoire Thiers-Rivet, ne s'occuper que d'une chose, la consolidation et la transmission de leur pouvoir, au mépris de tous les intérêts privés et publics de la France et de sa mission dans l'humanité. C'est là le seul but de leur politique à l'intérieur et à l'extérieur ; c'est trente-quatre millions de Français sacrifiés à un seul et à sa petite bande.

Note 75. — C'est cette organisation que veut donner à la France Henri de Bourbon ; son manifeste, pour quiconque sait en saisir la nervure et le lire, ce manifeste en fait foi.

Note 76. — D'après la Constitution française, le gouvernement comporte trois grands corps : la commune, la province, l'État. Chacun de ces corps doit être appuyé sur la religion, la famille, la propriété ; il doit jouir de toutes les prérogatives qui lui permettent son développement à l'intérieur et de remplir son devoir de solidarité envers la nation française entière et la mission de la France. C'est la force dans l'harmonie , c'est l'abondance de vie dans tout le corps et dans chacun de ses membres.

Note 77. — La législation et les institutions d'un pays sont l'expression vivante de l'esprit , de la force , des tendances d'un gouvernement et de sa destinée. En France , elles sont toutes révolutionnaires et centralisatrices contre le bien de la religion , de la famille et de la propriété. Étant essentiellement révolutionnaires, elles ne peuvent nécessairement engendrer que la révolution. Voilà pourquoi la révolution est venue en France à l'état de mal chronique , et qu'aucun souverain , eut-il toute la sagesse et la force d'un Charlemagne , ne saurait préserver le pays de ce mal terrible avec notre organisation actuelle. On oublie trop facilement que l'homme public , l'homme politique se forme d'après la législation et les institutions. Or , leur esprit étant la révolution , ces hommes deviennent révolutionnaires , et une société composée d'hommes imbus de l'esprit révolutionnaire finit toujours par faire des révolutions.

Comprenons pourquoi le Comte de Chambord est inflexible vis-à-vis de ceux des légitimistes (de nom et d'intérêt seulement) qui mettent tout en jeu pour l'amener à donner une promesse ou une garantie qu'il conservera le régime actuel. La France serait la même ; seulement, au lieu de Thiers, Napoléon III ou Louis-Philippe Ier régnant , on aurait Henri V régnant par la révolution et pour la révolution. Ces hommes sont les ennemis les plus terribles , non-seulement d'Henri de Bourbon , mais de la France entière.

Note 78. — Les institutions sont des moyens établis pour favoriser et aider les individus et le corps moral à remplir leur mission

dans l'intérêt toujours de la religion, de la famille et de la propriété et de la mission de la France.

Il y a trois grands corps : la commune, la province, l'État. Il
doit donc y avoir les institutions de la commune, celles de la province, celles de l'État. Et comme une institution n'est que pour le
développement et la conservation de la religion, de la famille et de
la propriété dans la commune, la province et l'État, il s'ensuit
que la base d'une institution doit être la religion, la famille et la
propriété dans la commune, dans la province et dans l'État.

Note 79. — La fin de la politique intérieure étant la conservation, le développement de la religion, de la famille, de la propriété ; d'un autre côté l'administration d'un pays, requérant
un administrateur *du pays même* : il en résulte que la religion, la
famille, la propriété, trouveront dans la politique intérieure les
garanties de conservation, de développement, si leur administration ne repose que sur des institutions qui les représentent.

D'autre part la politique intérieure étant l'instrument de la
politique extérieure, il est nécessaire que les institutions qui sont
l'organe de la politique intérieure puissent reporter leur action sur
la politique extérieure ou sur les deux simultanément. Or, pour
arriver à ce but, il faut l'organisation d'institutions dont le principe, le moyen, la fin, aient pour base commune, la religion, la
famille, la propriété. Alors la politique intérieure et la politique
extérieure, seront intimement liées, unies ensemble. Elles seront
les deux bras d'un même corps. Elles formeront la politique générale en France, instrument nécessaire de la politique universelle
pour l'humanité. Cette double organisation de la politique intérieure et de la politique extérieure sur une base commune, forme
ce que j'appellerai *la vraie décentralisation* ou bien l'ancienne
monarchie chrétienne, selon les besoins de la société moderne.

Note 80. — Il ne faut pas se faire illusion sur la nécessité de
réorganiser la France. Jamais aussi déplorables scènes n'auraient
eu lieu, si la France eut été sur ses véritables bases dans la dernière guerre contre la Prusse.

Maintenant l'étendue de la réforme exige tout le dévouement et
la vigueur de Celui que la Providence nous a préparé depuis si
longues années, et le concours de tout ce qui a à cœur la force et

la gloire de la France. Nos ennemis sont chez nous, c'est nous-
mêmes. Toutes les nations ensemble ne pourraient faire autant de
mal à la France que ses propres enfants.

Mettons nous à l'œuvre, et par une législation, par des institutions en rapport avec le tempérament et la mission de la France,
rétablissons nos forces. La tâche est immense, mais elle n'est pas
au-dessus de nos facultés, elle est relativement très-facile. Dans
10 ou 15 ans, si on suit la marche vraie, la France sera réorganisée
au point de vue religieux, militaire, judiciaire, de l'instruction
publique, de l'agriculture, de l'industrie, du commerce, artistique,
administratif, financier, colonial, gouvernemental, de l'opinion
publique, de la diplomatie, des institutions de charité, de la
marine, des travaux publics, des services publics, du système
pénitencier, des frontières et de la capitale (qui n'est pas à la
hauteur de la France actuelle comme elle l'était il y a 2 siècles.) (*)

Telle est la rude besogne ; mais les ressources de la France sont
bien au-dessus ; il s'agit de bien les appliquer.

Que les amis de la vieille monarchie française apportent tous le
concours de leur intelligence à la grande reconstruction sociale de
la France, et de l'humanité par la France. Mais qu'ils n'oublient
pas deux choses : la première, que le jour où Henri de Bourbon
ceint la couronne de ses pères, le travail ne fait que commencer ;
la seconde, que ce travail est une affaire de 10 à 15 ans pour bien
établir les bases de l'édifice, et de 20 à 25 ans pour pouvoir y
mettre un couronnement.

(*) Le principe de notre organisation actuelle étant essentiellement faux, révolutionnaire, son but étant infailliblement la révolution à l'intérieur et à l'extérieur, tous les services administratifs, participant de ce principe, en adoptent
forcément les conséquences. C'est pourquoi ils ne peuvent rester ce qu'ils sont.
Leur réorganisation dans l'intérêt de chacun en particulier et de tous en général,
pour l'économie nécessaire de la France, pour reprendre sa véritable position et
remonter sur le piédestal d'où elle n'aurait jamais dû descendre ; leur réorganisation, si elle se fait d'après les vrais principes, et d'après les conditions de la
société moderne, est une chose facile, comme nous essaierons prochainement de
le démontrer.